FABIO TRABULSI ASHCAR

UMA GRANDE AVENTURA

CONHEÇA A HISTÓRIA DA UNIVERSAL STUDIOS

UMA GRANDE AVENTURA
CONHEÇA A HISTÓRIA DA UNIVERSAL STUDIOS

DVS Editora Ltda. 2021 – Todos os direitos para a língua portuguesa reservados pela Editora.

Este é um livro independente sem nenhuma relação com a Universal Studios ou qualquer uma de suas empresas.

Nenhuma parte deste livro poderá ser reproduzida, armazenada em sistema de recuperação, ou transmitida por qualquer meio, seja na forma eletrônica, mecânica, fotocopiada, gravada ou qualquer outra, sem a autorização por escrito dos autores e da Editora.

Design de capa: Factor Marketing - Thiago Borges e Vitor Hudson

Projeto gráfico e diagramação: Bruno Ortega

Revisão: Fábio Fujita

```
Dados Internacionais de Catalogação na Publicação (CIP)
            (Câmara Brasileira do Livro, SP, Brasil)

    Ashcar, Fabio Trabulsi
        Uma grande aventura : conheça a história da
    Universal Studios / Fabio Trabulsi Ashcar. --
    São Paulo : DVS Editora, 2021.

        ISBN 978-65-5695-038-9
        .
        1. Indústria cinematográfica 2. Universal
    Studios - História I. Título.

21-70719                                    CDD-791.4375
              Índices para catálogo sistemático:

    1. Universal Studios : História    791.4375

        Cibele Maria Dias - Bibliotecária - CRB-8/9427
```

Nota: Muito cuidado e técnica foram empregados na edição deste livro. No entanto, não estamos livres de pequenos erros de digitação, problemas na impressão ou de uma dúvida conceitual. Para qualquer uma dessas hipóteses solicitamos a comunicação ao nosso serviço de atendimento através do e-mail: atendimento@dvseditora.com.br. Só assim poderemos ajudar a esclarecer suas dúvidas.

FABIO TRABULSI ASHCAR

UMA GRANDE AVENTURA

CONHEÇA A HISTÓRIA DA UNIVERSAL STUDIOS

DVS EDITORA

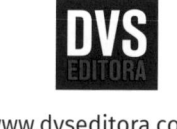

www.dvseditora.com.br

São Paulo, 2021

Este livro é dedicado a dois amigos:

Rodrigo Enge, muito obrigado por ter me aberto as portas deste mercado editorial, ajudando-me das mais diversas maneiras.

Thiago Borges, sou extremamente grato a você por ter me instigado e me incentivado a escrever esta história.

Desejo que seus universos sejam sempre repletos de aventuras!

"QUANDO INICIAR UM NEGÓCIO, FAÇA O QUE FOR PRECISO PARA NÃO SER O SEGUNDO."
JULES STEIN

ÍNDICE

PALAVRAS DO AUTOR	10
PREFÁCIO	18
INTRODUÇÃO	22
I – ANTES DO INÍCIO	26
II – O COMEÇO DA HISTÓRIA	32
III – DUAS DÉCADAS DE DESAFIOS	42
IV – A GRANDE RETOMADA	50
V – VILÕES QUE FORTALECERAM A CONCORRÊNCIA	66
VI – ENFRENTANDO O GIGANTE	74
VII – CRISE DE IDENTIDADE	84
VIII – UM NOVO CAMINHO	98
IX – STEVEN SPIELBERG	106
X – UNIVERSAL STUDIOS HOLLYWOOD	116
XI – UNIVERSAL ORLANDO RESORT	128
XII – UNIVERSAL PELO MUNDO	156
XIII – CURIOSIDADES	164
EPÍLOGO	196
CRONOLOGIA	202
SOBRE O AUTOR	204
BIBLIOGRAFIA	206

PALAVRAS DO AUTOR

A primeira viagem que fiz para os Estados Unidos foi para Orlando em 1984. Eu ainda era bem pequeno quando visitei essa cidade no estado da Flórida, mas algumas coisas daquela viagem me marcaram. E muito! Naquela época, os parques já eram visitados por milhões de pessoas todos os anos, mas muitos dos que conhecemos hoje ainda não existiam. Lembro-me de ter ido ao Magic Kingdom e ao Epcot da Disney e, como todos que têm essa oportunidade, fiquei encantado. Realmente, havia algo de mágico ali. Entretanto, a Universal Studios Florida ainda era apenas um projeto e faltavam vários elementos para que se tornasse uma realidade. Confesso que eu não tinha a menor ideia de nada disso.

Posso dizer que sou privilegiado, pois tive a oportunidade de ir algumas outras vezes para Orlando durante minha infância e adolescência. Cada viagem era melhor que a outra. Cada experiência parecia única. Definitivamente, eu havia me tornado um dos multiplicadores daquela cidade de sonhos, mas havia uma questão: a Disney era infinitamente superior aos seus concorrentes, tanto que seu atendimento tinha virado referência internacional. Mais do que isso, as pessoas passaram a deixar de ir para Orlando e começaram a ir para a Disney, independentemente dos parques que frequentassem. O complexo vislumbrado por Walt Disney tinha virado o principal destino de lazer do planeta.

Mas o que é um planeta quando se tem um universo de possibilidades? No final da década de 1980, havia muita especulação de que a Universal pudesse fazer frente à Disney, incrementando a concorrência e ajudando a elevar o número de visitantes de Orlando. Algumas coisas não aconteceram como se previu, mas a cidade ganhou muito e, com o passar dos anos, não por acaso, passou a receber mais visitantes do que qualquer outro destino no mundo inteiro.

Falar da história da Universal sem falar da Disney é impossível, mas a ideia neste livro não é comparar as duas empresas, afinal, elas têm trajetórias bastante distintas. A história da Disney está muito ligada ao seu criador, Walt Disney, responsável pelo direcionamento e pelo DNA da companhia que continua forte atualmente, mesmo tendo se passado mais de cinquenta anos de sua morte. A Universal, por sua vez, vivenciou muitos altos e baixos, teve algumas crises, financeiras e de identidade, mas felizmente, para todos que admiram o entretenimento, grandes empresas e várias pessoas se dedicaram e conseguiram fazer a companhia superar as adversidades, retomando o foco e voltando a crescer. Mais de uma vez!

Quando falamos de Universal, pensar em Orlando é pensar pequeno. Sua história antes de chegar à Flórida é longa, riquíssima e fundamental, inclusive, para apreciar ainda mais o resort que existe hoje na cidade mais visitada do globo. A Universal se tornou um complexo gigante em Orlando, mas precisamos voltar no tempo e entender as origens, conhecer alguns personagens e decisões difíceis que foram tomadas, além das razões que trouxeram essa empresa maravilhosa até os dias atuais. Foi uma jornada atribulada, com desafios, conquistas, diversas criações e muitas curiosidades. Uma verdadeira aventura!

Quando comecei a ler sobre a Disney há mais de vinte anos, encontrei uma infinidade de títulos e materiais sobre o assunto. Li mais de cinquenta livros sobre a história da empresa, biografias de Walt Disney e de seu irmão Roy, além de outras obras sobre filmes, produções, negócios, criatividade, etc. Dessa forma, tive a chance de me aprofundar no assunto e me encantar ainda mais com a magia da Disney. Entretanto, quando resolvi entender mais sobre a Universal, descobri que não existiam muitas opções disponíveis. Com certa dificuldade, encontrei alguns poucos livros e documentários; por outro lado, tive a felicidade de estar próximo de executivos da

Universal que não só me trouxeram muito conteúdo, como também me ajudaram no direcionamento daquilo que seria interessante saber e, o mais importante, onde procurar.

Um deles foi o Pedro Davoli Neto, que conheci numa reunião improvável no escritório da Universal em São Paulo. Apesar de termos nos conhecido naquele dia, ele foi muito receptivo e a conversa fluiu como se fôssemos amigos de longa data. Foi ali que surgiu uma ideia, a princípio maluca, mas que me deixou completamente animado. Após construir o projeto, cujo objetivo era promover cursos executivos sobre a Universal utilizando várias partes do complexo de Orlando como hotéis, parques e restaurantes, retornei ao escritório da Universal para fazer a apresentação, cerca de duas semanas depois. Aquilo que parecia maluquice se provou algo concreto e bastante interessante. Passados mais dois meses, fizemos o lançamento em São Paulo, com o apoio do Business Center da Amcham, principal câmara americana fora dos Estados Unidos. O evento também contou com a presença do Pedro e da Gabriella Cavalheiro, que foi a segunda pessoa da Universal a abraçar a ideia e a me ajudar a torná-la realidade. Sob o comando irrepreensível da Daniela Aiach, diretora de eventos da Amcham, foi uma manhã inesquecível com cerca de seiscentas inscrições e participação especial do Gru e dos Minions, personagens do filme *Meu Malvado Favorito*.

Foi tudo extremamente rápido: da concepção da ideia até a realização da primeira turma em Orlando foram menos de seis meses. Em setembro de 2018, tivemos um lançamento bem-sucedido com todas as vagas esgotadas e a ajuda de outro grande executivo do grupo, o Marcos Barros Filho, cuja história na Universal já supera duas décadas e que conheci pessoalmente somente um mês antes do evento, apesar de algumas videoconferências durante o processo de construção do programa.

Sou muito grato a esses três profissionais da Universal, não somente por terem apoiado e contribuído nessa minha ideia inicial, mas, principalmente, por terem me aberto o caminho para eu me aprofundar ainda mais nessa grande história que hoje posso dividir com aqueles que se aventurarem pelas páginas a seguir.

Sempre fui um admirador da Disney, obviamente por causa dos filmes e dos parques. Porém, ao começar a ler sobre o tema, encantei-me muito com a vida de Walt, a quem considero o maior inovador de todos os tempos. Depois de todos os livros sobre ele e seu legado, me tornei um verdadeiro fã. Provavelmente, um fanático. Para mim, Roy se tornou um ídolo quase que na mesma proporção que Walt, mas essa é outra história. Os parques passaram a ser mais divertidos, mesmo quando estavam lotados ou quando eu não conseguia ir a muitas atrações. Mas por quê? Porque a bagagem que eu carregava era capaz de me fazer tirar o melhor que a Disney tinha a oferecer. Ali eu identifiquei sua verdadeira magia, através de sua história.

Devo confessar que, no início, foi difícil encontrar a palavra exata para expressar minha relação com a Universal; portanto, vamos dizer apenas que era esquisita. Eu gostava daquele primeiro parque em Orlando, a Universal Studios Florida, mas, nas vezes que fui, sempre me pareceu faltar algo. Depois, com o segundo, o Islands of Adventure, o sentimento foi bastante similar. Por alguns anos, ainda caí na armadilha de comparar a Universal com a Disney, e obviamente isso também afetava minha percepção sincera com relação à Universal. Demorei a compreender que não era possível fazer essa comparação, tampouco era justa. Além dos livros, eu também já tinha participado de um curso do Disney Institute e sabia praticamente tudo sobre a história da empresa, mas absolutamente nada sobre a da Universal. E conhecimento é uma das armas mais poderosas que podemos ter.

Em 2018, tudo mudaria. Naquela reunião despretensiosa que tive com o Pedro no escritório da Universal, um mundo novo se abriria para mim. Ou melhor, um universo inteiro! Pouco depois de ver minha ideia ser bem recebida pelos executivos da companhia, saí em busca de transformar aquela turma-piloto num grande sucesso. Já em Orlando, a primeira edição surpreendeu todos os participantes, desde as palestras até as experiências dentro do complexo. Foi aí que entendi que precisava conhecer mais sobre a história da Universal, mas, como já mencionei, encontrei pouquíssimos livros sobre o tema, todos em inglês. E, destas publicações, nenhuma abordava a trajetória completa, desde sua fundação até os parques pelo mundo afora. Li aqueles que encontrei, mesmo sem ter a junção do todo.

Assim, conforme conhecia mais sobre a trajetória da Universal, mais eu aproveitava os parques e todo o complexo de Orlando. Até mesmo os filmes pareciam ter ficado mais interessantes. Pode parecer piegas, mas a verdade é que passei a me encantar com a Universal de forma parecida como havia sido com a Disney muitos anos antes. A grande diferença foi que, ao conhecer a história da Universal a fundo, me identifiquei muito mais com ela do que com aquela construída por Walt e Roy. Muitas das dificuldades, reviravoltas e mudanças de rumo da Universal eu identificava perfeitamente com as que enfrentei em minha vida, inclusive a crise de identidade.

Após quase três anos de diversas conversas com vários executivos da Universal, quase uma dezena de livros lidos e centenas de horas pesquisando na internet em busca de informações, como se eu estivesse juntando um quebra-cabeça de milhares de peças, resolvi separar o que me pareceu mais relevante. Escrevi este livro com o intuito de inspirar o máximo de pessoas que puder, porque idealizá-lo me inspirou de muitas maneiras e me levou a conhecer tantas coisas novas sobre um assunto que parece batido. Afinal de contas, só parece. Todos que vão a algum parque da Disney sabem quem criou aquilo. Mas você conhece o fundador da Universal? Essa é apenas uma das inúmeras respostas que você encontrará a partir de agora.

Por isso, espero que este livro faça você questionar coisas que, até então, não eram questionadas, que o ajude a enfrentar e quebrar paradigmas, trazendo uma visão completamente nova, afinal, muitos desconhecem o caminho trilhado pela Universal. Não se trata de um conto de fadas e muito menos de heróis, mas certamente temos grandes destaques individuais e algumas pessoas que ousei chamar de vilões. Iniciaremos a história no final do século XIX e chegaremos até o presente momento, enfatizando a Universal como um todo, incluindo seus parques, pois cada visita – seja a primeira, seja só mais uma entre tantas – realmente se transforma em uma grande aventura. Uma aventura diferente e memorável.

Boa leitura!

PREFÁCIO

FRANK BELZER
(EX-VICE-PRESIDENTE SÊNIOR DE VENDAS
NA UNIVERSAL PARKS & RESORTS)

Não é nenhum segredo que muito pode ser aprendido quando olhamos para o passado. Também é uma prática bastante comum no mundo dos negócios tentar aprender com a história de empresas, organizações e setores. Muitas vezes, esses exames na história permanecem trancados como estudos de caso em nossas universidades e escolas de negócios. Além disso, quando voltamos nossa atenção ao mercado, é comum simplesmente observarmos o que aconteceu nos últimos anos ou focar somente em nossa geração. No entanto, se pudermos olhar mais para trás, ir mais fundo e ter uma noção do contexto emocional, das razões pelas quais as coisas aconteceram, e nos momentos em que aconteceram, teremos um espectro muito mais amplo de oportunidades de lições e oportunidades de aprendizagem.

Quando comecei a trabalhar na Universal Parks & Resorts como executivo sênior no início de 2014, a empresa havia acabado de passar por um de seus períodos de crescimento mais explosivos. Embora a Universal sempre tenha sido conhecida por criar experiências criativas extremamente atraentes e emocionantes, foi a introdução de Harry Potter que catapultou a empresa a um nível de crescimento internacional nunca previsto. Minha função na Universal era trabalhar com todos os nossos parceiros comerciais pelo mundo, e isso me deu uma perspectiva única de como a marca era percebida, o que as pessoas amavam nela e o impacto que algumas de nossas atrações tiveram em milhares de pessoas a milhas de distância.

Durante esses sete anos no comando, sempre me surpreendia quando encontrava clientes ou hóspedes em qualquer lugar do mundo e em como eles ficavam entusiasmados, animados e alegres ao falar sobre nossos parques, nossos hotéis e, claro, Harry Potter. Não há dúvida de que o apelo do que havia sido criado em Orlando estava agora ressoando com um público diferente, internacional, que nem sempre demonstrava interesse de percorrer uma longa distância para visitar o complexo na Flórida. Mais uma vez, a Universal estava passando por uma grande mudança, um período crucial que afetaria a forma como comercializava, como competia e como operava. Uma das minhas principais iniciativas girou em torno da mudança de um destino de dia único para um destino de vários dias. Outro grande ajuste envolveu o rápido aumento da capacidade da rede hoteleira, pois da mesma forma que nossos parques ou hotéis eram empolgantes e envolventes, parte da estratégia passou a ser trabalhar para que cada vez mais pessoas pudessem permanecer nesses hotéis, enriquecendo suas experiências de maneira geral.

Dessa forma, a maior parte do que acabei de descrever tem a ver com a história recente dos parques da Universal, da perspectiva de quem participou do lado de dentro, atuando como membro da equipe de liderança. Nesse período, a Universal Parks & Resorts também estava se expandindo em outros lugares – o parque em Hollywood, o parque em Osaka no Japão, assim como o de Singapura, todos adicionavam novas atrações e eventos. Ao mesmo tempo, um novo parque foi projetado e construído em Beijing na China. Minha função na Universal também incluía trabalhar com esses destinos internacionais. Essa expansão global foi outra mudança importante na história da companhia.

No entanto, minha perspectiva de sete anos não conta a história toda, pois há muito mais nessa trajetória da Universal. São mais de cem anos a serem adicionados, cheios de momentos cruciais que, de muitas maneiras, fizeram esses outros eventos serem tão impactantes quanto Harry Potter foi para o legado da organização. O que o Fabio faz neste livro é levar cada leitor muito mais fundo na história da Universal, a partir de uma perspectiva que ajudará qualquer pessoa a entender melhor a companhia, não apenas um entendimento baseado no crescimento recente, mas um conhecimento temperado por tudo aquilo que o precedeu. O autor se debruça sobre o impacto dos estúdios cinematográficos, nos dá uma ideia do que aconteceu nos bastidores e nos permite conhecer as personalidades dos fundadores e outros indivíduos de grande influência que, de uma forma ou de outra, deixaram sua marca na organização ao longo dos anos. Ter essa perspectiva adicional ajudará qualquer pessoa interessada no negócio de parques temáticos, na indústria de cinema e entretenimento ou em qualquer outro mercado a ter uma compreensão muito melhor desse universo.

INTRODUÇÃO

GINHA NADER
(ESPECIALISTA EM ORLANDO E DISNEY;
AUTORA DE VÁRIOS LIVROS SOBRE O ASSUNTO)

É um privilégio e um prazer imensos redigir esta Introdução do livro *Uma Grande Aventura*, do meu querido amigo Fabio Trabulsi Ashcar, que descreve, com muito acerto, a trajetória fantástica da Universal Studios. Logo no início, o autor, ao transcrever o pensamento de Jules Stein – "Quando iniciar um negócio, faça o que for preciso para não ser o segundo" – demonstra sua singularidade e perspicácia para descrever a Universal.

Acho que posso contar um pouco da minha experiência e inspiração. Em 1967, após perder meu marido, ele me disse, numa visão, que eu deveria ir para a Disneyland e levar os nossos três pimpolhos. Aceitei o chamado com muito esforço, afinal, mesmo sem estudo e nenhuma habilidade específica, consegui realizar aquele objetivo que mudou a minha vida.

Minha ligação com a Disney é bastante conhecida, com participações em vários eventos e até mesmo em programas de televisão. Num deles, *"O show sem limites"*, em 1983, respondi perguntas para o apresentador J. Silvestre, em um jogo com duração de seis meses. Ao final, conquistei o prêmio e tive a felicidade de levar dez crianças de baixa renda para conhecer os parques da Disney.

Assim, fui me aprofundando no tema e acabei lançando livros voltados ao turismo. Em 2007, lancei *A Magia do Império Disney*, hoje em sua quinta edição. As pessoas não conheciam Walt Disney, muito menos a cidade de Orlando. Eu já havia escrito um pouco mais especificamente sobre a Universal em meu livro *O Guia dos Guias de Orlando* (1988); entretanto, nunca encontrei muito material sobre o tema. Por esse motivo, é extraordinário poder conferir e participar da primeira publicação sobre a Universal no Brasil, depois de sua inauguração na Flórida há mais de trinta anos.

Tive a oportunidade de acompanhar o desenvolvimento dos parques da Universal em Orlando, pois em 1990, quando o primeiro foi inaugurado, eu já era referência no destino e uma grande conhecedora da história da Disney. Logo no início das operações, tive o privilégio de acompanhar um executivo da Universal no Brasil, o Marcos Barros Filho, para ajudá-lo a promover o novo parque que chegava com muitas novidades, trazendo ainda mais razões para as pessoas visitarem a cidade. As atrações eram fantásticas, remetendo a filmes consagrados e criando experiências totalmente novas ao público. Infelizmente, a Universal passou por muitos altos e baixos, avançando devagar, aos trancos e barrancos.

Com o tempo, a Universal foi se organizando, tomando forma e ganhando corpo. Atualmente, seu complexo faz frente ao concorrente, apesar de possuir uma área bem inferior em tamanho. Já são três parques temáticos e, logo mais, um quarto será inaugurado, além do centro de entretenimento e de milhares de quartos de hotéis.

Ter estudado a história da Disney e poder acompanhar sua trajetória em Orlando foi mágico. Porém, com a Universal foi um tanto diferente, uma vez que sua história é toda fragmentada e sua evolução, repleta de percalços e reviravoltas. Sem dúvida, essa tem sido uma grande aventura!

Fabio, o escritor, compreendeu que não deveria comparar a Universal com a Disney, pois, mesmo ambas sendo empresas de entretenimento, elas são bastante diferentes em sua formação, cada uma com seu próprio marketing de atuação. Dessa forma, seu relato é brilhante, exclusivo e único. Tenho profunda admiração pelo trabalho que ele desenvolve também como empreendedor e professor de empreendedorismo, inovação e diferenciação em quatro universidades nos Estados Unidos, porque põe em prática sua cátedra, para a felicidade de todos nós, seus leitores.

I – ANTES DO INÍCIO

O ano era 1847 e, na vila de Milan, localizada em Ohio, bem ao norte dos Estados Unidos, nascia provavelmente o maior inventor de todos os tempos, no dia 11 de fevereiro. Seu nome: Thomas Alva Edison. Depois de uma infância não muito convencional, pois deixou a escola e foi educado por sua mãe, Edison cresceu apaixonado pela ciência e, desde cedo, começou a fazer experimentos num laboratório que ele mesmo instalou no sótão de onde morava.

Após chegar sem dinheiro algum a Nova York em 1869, Edison conseguiu se estabelecer como inventor independente após muito esforço e dedicação. Com o passar dos anos, ganhou notoriedade e fama. Já em 1876, construiu um enorme centro de pesquisa em Menlo Park, situado ao lado de Palo Alto, no coração da área que atualmente é conhecida como Vale do Silício no estado da Califórnia.

Em 1878, Thomas Edison fundaria a Edison Electric Light Company, que, catorze anos mais tarde, se tornaria a General Electric. Atualmente conhecida como GE pelo mundo afora, a companhia teria alguns momentos curiosos com participações diretas e indiretas na história da Universal.

Foi nessa época que, após uma infinidade de tentativas e protótipos, Edison conseguiu criar uma lâmpada que efetivamente funcionava. Além de ter inventado uma enorme quantidade de outras coisas, ele também é lembrado por ter aperfeiçoado diversas invenções, como o mimeógrafo e o fonógrafo.

Uma das maiores virtudes de Edison era não desistir. Não à toa, ele ficou marcado na história como o indivíduo que mais registrou patentes no mundo todo. Foram mais de 2.300 no total. Mesmo apesar de muitas terem sido registradas por pessoas que trabalhavam com ele, Edison foi diretamente responsável por cerca de metade delas.

"EU NÃO FALHEI. APENAS ENCONTREI 10 MIL MANEIRAS DE NÃO FAZER."
THOMAS EDISON

Thomas Edison também inventou o cinetógrafo, que consistia num dispositivo para registrar imagens animadas, uma espécie de máquina de filmar. Não demoraria muito para que as obras dessa invenção se tornassem entretenimento para milhares de pessoas. Logo em seguida, sua empresa também foi responsável por desenvolver o cinetoscópio, um aparelho de projeção de imagens para locais fechados. Começava ali a história do cinema, em casas que ficariam conhecidas como nickelodeons, em razão de seu ingresso custar um níquel (equivalente a 5 centavos de dólar). Essas pequenas salas de projeção se tornariam uma tendência na virada do século XIX para o XX. Como esses filmes não eram produzidos com som, alguns locais mais sofisticados incluíam músicos que tocavam piano de acordo com cenas específicas para enfatizar e destacar as imagens projetadas.

Em 1908, Thomas Edison criou a Motion Pictures Patents Company (MPPC), um truste de produtoras e distribuidoras que se associaram com um grande objetivo em comum. A ideia era conter as produções independentes para, assim, se estabelecer um verdadeiro monopólio, já que controlando os filmes, câmeras e projetores, a MPPC seria capaz de controlar a indústria cinematográfica americana como um todo.

De uma hora para outra, todos os donos de casas de exibição e outros profissionais de menor expressão nesse mercado se viram obrigados a pagar royalties pelo simples fato de usarem câmeras ou projetores em suas produções. O tributo onerava muito aqueles que tentavam administrar seus negócios, considerando que a margem não era grande antes mesmo dessa exigência e que a maioria desses pequenos empresários trabalhava de forma independente.

Conforme enfraquecia os negócios menores, a MPPC se fortalecia com tais receitas. Poucos anos depois de sua fundação, através de aquisições em série, a empresa já contava com quase 60% de todas as salas nos Estados Unidos. Contudo, Edison e sua turma não estavam satisfeitos e queriam mais.

Parecia não haver alternativa, mas alguns desses profissionais independentes resolveram se arriscar e começaram a reagir. Suas tentativas de continuarem em funcionamento não surtiam muito efeito, mas virou quase uma questão de honra. A MPPC, por sua vez, instigava a imprensa a destacar a imoralidade daquelas atividades. Além disso, o truste também não permitia que os créditos fossem dados aos atores e atrizes com o objetivo de manter os valores dos cachês menores. Foi um período de muito conflito, em que os pequenos produtores ainda sofreram sabotagens e prejuízos causados por razões escusas e desconhecidas.

Um imigrante alemão chamado Carl Laemmle era um dos independentes mais incomodados com as restrições. Ele possuía alguns nickelodeons e, por conseguinte, sentiu bastante o impacto decorrente das ações da MPPC em seus negócios.

"JÁ PAGOU 2 DÓLARES PARA FUMAR SEU PRÓPRIO CACHIMBO ESTA SEMANA."

CARL LAEMMLE

Vários outros donos de estabelecimentos menores estavam sofrendo com a nova regulamentação e também tentavam, de alguma maneira, resistir para manter seus negócios. Não gostando das atitudes dos revolucionários ou foras da lei, como a MPPC se dirigia aos opositores, a empresa continuava se impondo, com rigidez cada vez maior, para fazer valer a condição do truste.

Felizmente, porém, algumas ocorrências afetaram todo aquele controle, e a MPPC começou a se enfraquecer. Uma nova companhia surgiu para confrontar de maneira mais contundente aquele monopólio, mas ninguém poderia imaginar o que o futuro reservava para aquele negócio prestes a dar seus primeiros passos.

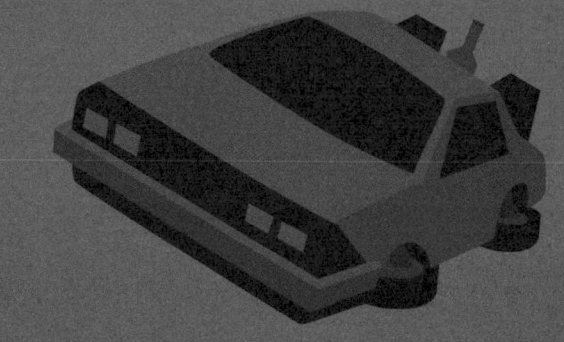

II – O COMEÇO DA HISTÓRIA

No dia 17 de janeiro de 1867, na cidade de Laupheim, localizada no sul da Alemanha, nasceu Carl Laemmle, um dos doze filhos de uma família judaica que enfrentava grandes problemas financeiros. Carl teve uma infância difícil e perdeu vários de seus irmãos que não aguentaram o parto ou as consequências de epidemias da época. Além dele, apenas três de seus irmãos chegariam à idade adulta. Logo aos treze anos, Carl começou a trabalhar para ajudar sua família e, assim, aprendeu bastante sobre vendas e contabilidade.

Com a morte de sua mãe em 1883, ele decidiu seguir os passos de um de seus irmãos mais velhos e tentar uma sorte melhor nos Estados Unidos. Como presente de aniversário de 17 anos, completados em 1884, seu pai lhe deu uma passagem e algum dinheiro para ajudá-lo naquela nova jornada que se iniciou ao embarcar num barco a vapor que cruzaria o Oceano Atlântico.

Já em Nova York, Carl, que não falava nada de inglês, teve dificuldades em encontrar seu irmão. Enquanto isso, ele se virou como pôde e até conseguiu trabalhar numa farmácia para sobreviver. Algumas semanas se passaram até que, finalmente, conseguiu se comunicar com seu irmão Joseph, que lhe enviou algum dinheiro e uma passagem de trem para Chicago, onde morava. Lá, Carl fez um pouco de tudo, sempre demonstrando muito empenho e dedicação para trabalhar.

Em 1889, conseguiu se naturalizar americano e, poucos anos depois, já com fluência no inglês, foi contratado para exercer a função de contador numa loja de roupas. Aos poucos, obteve destaque não apenas com a contabilidade, mas, principalmente, por suas ideias e criatividade que ajudavam a melhorar as vendas. Mais de dez anos depois, já com uma estabilidade financeira e algum dinheiro guardado, Carl decidiu iniciar seu próprio negócio.

Em 1906, Carl Laemmle investiria parte de suas economias em um nickelodeon. Ele vislumbrou um grande potencial nesse negócio, que crescia exponencialmente, e não se incomodou com as opiniões das pessoas à sua volta.

"MEUS AMIGOS ME DISSERAM QUE EU ERA LOUCO E QUE IRIA FALHAR."
CARL LAEMMLE

Quando a MPPC, fundada por Thomas Edison, começou a operar, Carl foi um dos que sofreram com aquela tentativa de monopólio. Sua empresa, Laemmle Film Service, era filiada à MPPC, mas aquilo o incomodava demais. Até que chegou o momento de deixar a obrigação da qual discordava para trás e começar a olhar para o futuro em que acreditava. O risco de ficar parado parecia muito maior do que tentar seguir adiante. Sendo assim, Carl escreveu uma carta de resignação, reforçando que, a partir daquele instante, passaria a não utilizar nem comprar nenhuma produção advinda do truste. Apesar de não ter a menor ideia de como faria para conseguir filmes a partir dali, ele seguiu seus instintos.

Já com alguns nickelodeons e tentando manter os negócios em funcionamento, em 1909, Carl criou a Independent Motion Picture, cujas três iniciais (IMP) formam uma palavra em inglês que significa pequeno demônio. Foi sua maneira irreverente de provocar a MPPC, utilizando-se, inclusive, de um diabinho como mascote. Ele havia entendido a importância da opinião do público em geral e o quão determinante ela seria nessa disputa. Então, através da nova companhia, ele passou a se esforçar ainda mais para criar filmes que o ajudassem a pressionar o truste com o objetivo de levar o assunto para a corte. Sua convicção era clara, acreditando que se o assunto chegasse às autoridades, o pesadelo teria um final.

Carl Laemmle era o grande líder de oposição ao truste iniciado por Thomas Edison e continuou sua batalha com os novos parceiros. Seu passo seguinte foi assediar atores e atrizes, levando-lhes a oportunidade de obter destaque em suas participações nas produções, iniciando aí uma guerra das estrelas, termo que se tornaria referência para os grandes artistas da indústria cinematográfica. Foi uma alternativa genial, pois enquanto a MPPC buscava manter o controle dos custos, abafando a fama dos artistas para evitar que os mesmos pedissem altos valores, Carl achava que aquela ação seria benéfica para o mercado como um todo.

Apesar de estar obtendo alguma relevância com a IMP, Carl Laemmle percebeu que não conseguiria enfrentar aquele monopólio sozinho. Seria necessário buscar toda a ajuda que pudesse para continuar em frente e fortalecer essa oposição que, aos poucos, tomava corpo. Três anos mais tarde, ele se juntou a outros oito empresários descontentes que também vinham sofrendo com as medidas recentes (Mark Dintenfass, Charles O. Baumann, Adam Kessel, Pat Powers, William Swanson, David Horsley, Robert H. Cochrane e Jules Brulatour), e foi assim que nasceu a Universal Film Manufacturing Company, fundada na cidade de Nova York, no dia 30 de abril de 1912.

O ano de 1915 tem muito significado na história da Universal. Foi nessa época que Carl se tornou o único dono da companhia, adquirindo a participação dos demais cofundadores. Foi também nesse ano que ele decidiu montar a Universal Studios City em Hollywood na Califórnia, direcionando as produções para a costa oeste americana por vislumbrar um potencial de crescimento ainda maior, além de custos inferiores. Por fim, a corte americana decidiu pela dissolução da MPPC, alegando que os limites para proteger suas patentes tinham sido extrapolados.

Felizmente, aquela ideia de construir um monopólio para controlar o mercado cinematográfico, fechando os pequenos produtores com as taxas das patentes acabou não durando muito. Contudo, o encerramento oficial só se deu três anos mais tarde, em 1918.

Com os novos estúdios num terreno cuja área total possuía 230 acres (aproximadamente 1 milhão de metros quadrados), Carl Laemmle tinha objetivos bastante ousados. Além das produções, ele também enxergava uma grande oportunidade de entretenimento naquele espaço enorme. Aproveitando uma demanda reprimida do mercado, a de que os espectadores desejavam conhecer a origem dos filmes a que assistiam, ele decidiu abrir as portas dos estúdios para receber o público numa iniciativa bastante corajosa para a época.

"ESPERO NÃO TER COMETIDO UM ENGANO AO VIR PARA CÁ."
CARL LAEMMLE

Apesar de ele ter sido novamente chamado de louco, inclusive pela mídia, as pessoas adoraram a iniciativa e não se incomodaram em pagar uma entrada no valor de 25 centavos de dólar. Surgia ali um novo negócio, despertando e estimulando a curiosidade dos espectadores que vibravam com a possibilidade de encontrar alguém famoso ou presenciar produções em andamento.

A Universal Studios City foi inaugurada em 15 de março de 1915 e era literalmente uma cidade, pois assim foi estabelecida contando com polícia, bombeiros, hospital, escola e biblioteca próprios. Além do mais, também possuía um dos maiores zoológicos do mundo, com dezenas de leões, elefantes, cavalos, macacos e leopardos.

Outro fato interessante é que a empresa de Thomas Edison foi responsável pelo projeto e implantação da parte elétrica das novas instalações que foram construídas.

Carl era um otimista e sempre acreditava numa forma de realizar o que quer que fosse. Dentre uma variedade de crenças, ficou conhecido por um bordão:

🌎
"ISSO PODE SER REALIZADO."
CARL LAEMMLE

Mesmo após muitos anos nos Estados Unidos e da cidadania americana, seu elo com sua cidade natal, Laupheim, se manteve forte. Durante todo aquele caminho que vinha percorrendo, isso sempre foi algo que lhe fez muito bem. Simpático ao nepotismo, ficou conhecido como Tio Carl por ter contratado muitos amigos e familiares, ajudando-os a imigrar para a América, principalmente durante e logo após a Primeira Guerra Mundial, que durou de 1914 a 1918. Ele era tão querido em Laupheim que recebeu uma homenagem em vida, tendo uma rua batizada com seu nome.

No começo dos anos 1920, a Universal se tornou o maior fornecedor de filmes americanos na Alemanha, onde, pouco tempo depois, abriu uma subsidiária com o intuito de também iniciar a produção de filmes por lá.

Como os negócios caminhavam a passos firmes em um ritmo bastante interessante, uma sucessão parecia adequada. Assim, Carl poderia focar mais em ajudar as pessoas, algo que sempre praticou paralelamente aos estúdios. Vindo de uma família judaica, ele nunca se esqueceu de suas origens e buscava ajudar com frequência outros judeus. Após a Primeira Guerra Mundial, fez várias doações, contribuindo na reconstrução de ruas e prédios na Alemanha.

Com o mesmo nome do pai, Carl Lemmle Junior tomou a frente da empresa em 1928. Junior tinha um grande potencial criativo, mas não pensava como o pai que sempre cuidou das finanças com cuidado, evitando empréstimos para não virar refém de possíveis dívidas. Desde o início, o patriarca preferiu investir seu próprio dinheiro, controlando os números de forma magistral com toda sua experiência contábil. Entretanto, logo que assumiu, Junior convenceu o pai a fazer atualizações nos estúdios, incrementando as instalações e visando mais qualidade nas produções. Infelizmente, isso não se provaria uma boa estratégia.

Enquanto os filmes ainda não tinham som, tudo funcionava muito bem com a visitação aos estúdios, pois a excitação do público era evidente e o tanto de barulho que produzia reforçava isso. De qualquer maneira, aquilo não atrapalhava o resultado final. Por volta de 1930, quando as produções começaram a incluir os efeitos sonoros, a família Laemmle foi obrigada a fechar as portas para os espectadores a fim de garantir as condições necessárias para o bom andamento das filmagens.

Apesar da enorme área e de os estúdios estarem funcionando a todo vapor, as coisas que foram extremamente bem por vários anos, com Carl pai no comando, mudaram de figura. Pouco tempo depois de Junior assumir a gestão, diversos problemas começaram a surgir, muitos deles financeiros. Suas iniciativas, por mais bem--intencionadas que fossem, despendiam valores muito altos de investimento e traziam pouco retorno, com raras exceções. A nova gestão traria complicações administrativas graves.

Mesmo com sua inexperiência para comandar a empresa, Junior teve um papel importante nessa história, uma vez que ele foi o responsável por iniciar as produções de horror que se tornariam uma das marcas registradas da Universal ao longo do tempo. Clássicos como *Drácula* e *Frankenstein*, lançados em 1931, assim como *A Múmia* em 1932, foram produções dele.

Enquanto Junior enfrentava dificuldades na companhia, Carl tinha que encarar um problema pessoal. Com a ascensão dos nazistas na Alemanha, sua popularidade começou a ser abalada por ele ser judeu. Se não bastasse, a crítica europeia passou a acusá-lo de desrespeito à sua pátria natal, desaprovando filmes como *Sem Novidade no Front* de 1930. O enredo desenvolve uma mensagem contrária à guerra, retratando a realidade que um grupo de jovens alemães enfrenta durante a Primeira Guerra Mundial, depois que um professor os convence a se alistarem.

As consequências disso seriam as piores possíveis para Carl. Em 1934, ele foi banido da Alemanha, teve seus bens confiscados e ainda viu alterarem o nome da rua a qual haviam batizado em sua homenagem. Foi um golpe muito forte, porém ele mostrou toda sua resiliência, compaixão e capacidade de fazer coisas surpreendentes. Apesar de toda frustração, continuou com suas tentativas de ajudar o máximo de pessoas que podia.

> "SE TODOS NÓS FIZÉSSEMOS AS COISAS QUE REALMENTE SOMOS CAPAZES DE FAZER, FICARÍAMOS LITERALMENTE SURPRESOS."
> THOMAS EDISON

Infelizmente, aquele duro revés seria seguido de outro ainda mais complicado. Em 1929, Carl Laemmle tinha feito uma adaptação do livro *Show Boat*, de Edna Ferber, mas o resultado não fora tão satisfatório em sua opinião. Alguns anos depois, com Junior à frente dos estúdios, eles decidiram que seria interessante produzir uma nova versão, dessa vez melhorando a qualidade e aproveitando as novidades sonoras para engrandecer o filme. Dadas as condições financeiras em que estavam, a família Laemmle se viu obrigada a tomar seu primeiro empréstimo, depois de mais de vinte anos de empresa, a fim de concluir o projeto. Levantaram o montante junto à Standard Capital Corporation e lançaram o musical em 1936. Apesar de a produção ter se tornado um sucesso, os resultados não foram suficientes para cobrir os investimentos que tinham ultrapassado bastante o orçamento inicial.

Lamentavelmente, a má administração de Junior e os poucos títulos de sucesso acabaram levando a empresa para uma inevitável derrocada. A dívida contraída se voltaria contra os Laemmle, que seriam forçados a entregar o comando da companhia no dia 2 de abril de 1936, por incapacidade de arcar com o valor que estava sendo cobrado pela Standard Capital. Assim, de maneira melancólica, o primeiro ciclo da Universal se encerrava.

Nenhum dos dois voltaria a trabalhar na indústria cinematográfica. Carl viveria mais três anos focado na filantropia e, mesmo não podendo retornar à Alemanha, continuou em constante contato com seus familiares e amigos, empenhando-se em auxiliar centenas de judeus a conseguirem se mudar para os Estados Unidos. Junior acabou não produzindo muito mais coisas em sua vida, gerenciando uma frota de médicos e algumas drogarias. Seu grande legado certamente foi construído em cima dos filmes de horror nos anos que passou à frente da Universal.

Em 24 de setembro de 1939, Carl Laemmle faleceu de uma doença cardiovascular. Coincidência ou não, Carl Laemmle Junior faleceria de um derrame exatamente quarenta anos depois, no dia 24 de setembro de 1979.

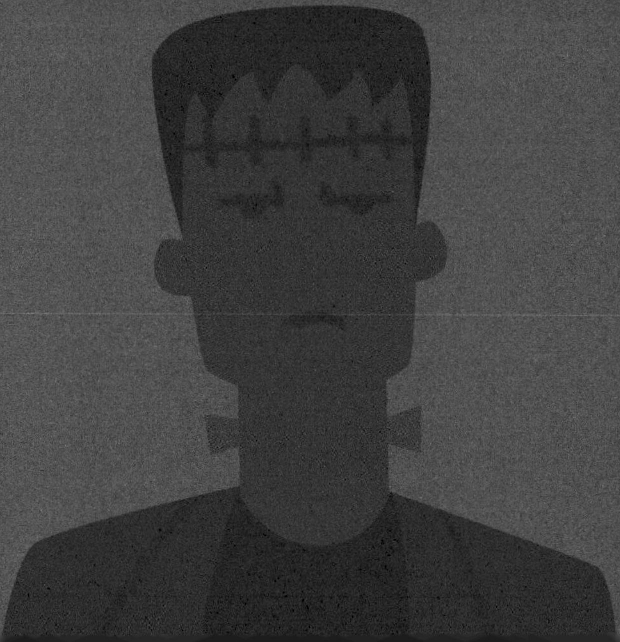

III – DUAS DÉCADAS DE DESAFIOS

As décadas de 1940 e 1950 foram, sem dúvida nenhuma, as menos relevantes na trajetória da Universal, com poucas novidades.

Sob o comando da Standard Capital Corporation, que assumiu o posto após a família Laemmle não conseguir quitar a dívida contraída, a companhia decidiu buscar um equilíbrio financeiro e uma das primeiras ações tomadas foi a redução de custos de maneira drástica. Era extremamente importante evitar maiores prejuízos; consequentemente, as produções logo foram afetadas, com a qualidade caindo de forma bastante considerável. Talvez não tenha sido a melhor estratégia, mas, pelo menos, a nova liderança estava conseguindo reorganizar os estúdios e ajustar as contas, mesmo que através de uma rota sem muito brilho.

Assim como nos grandes filmes, quando a sequência de infortúnios parece que vai dar trégua, ocorreu uma reviravolta. Nesse caso, foi o início da Segunda Guerra Mundial em 1939. Se durante o primeiro grande combate os estúdios não tinham sentido muitos efeitos econômicos, dessa vez a história seria um pouco diferente.

Os Estados Unidos só entraram oficialmente na guerra em dezembro de 1941, após serem atacados de surpresa pelo Japão, que queria se prevenir da localização estratégica de Pearl Harbor em Honolulu, capital do Havaí. Aliás, em 2001, sessenta anos após o ataque japonês, foi lançado o drama *Pearl Harbor*, levemente baseado no incidente militar histórico, mas com um romance como ponto central do roteiro. A direção foi realizada por Michael Bay, que, alguns anos mais tarde, dirigiria também a série *Transformers*, sucesso de bilheteria que acabou virando atração nos parques da Universal pelo mundo.

A Segunda Guerra Mundial durou seis anos e terminou apenas em 1945, após os ataques americanos com bombas atômicas nas cidades japonesas de Hiroshima e Nagasaki. Logo depois, a Universal entraria numa nova etapa, embora os desafios continuassem os mesmos do período anterior à guerra.

Apesar de as produções não terem sido interrompidas durante o período de guerra, a demanda não era a mesma. Além disso, filmes com cores já vinham surgindo havia alguns anos, atraindo cada vez mais o interesse do público que adorava novidades. Independentemente dos fatores externos, a Universal continuava em seu caminho de contenção de gastos, produzindo com os menores custos possíveis e com qualidade bastante inferior ao padrão iniciado por Carl Laemmle. Dessa forma, a companhia ficaria vários passos atrás de seus concorrentes da indústria, quase sem esperança de encontrar uma luz no fim do túnel. Infelizmente, a nova administração da Universal não conseguia pensar no longo prazo e envolver os colaboradores. Parecia faltar uma identidade e, portanto, a liderança não obtinha engajamento.

"SE VOCÊ NÃO CONSEGUE FAZER COM QUE OS OUTROS ENXERGUEM A LUZ, FAÇA COM QUE ELES SINTAM O CALOR."
RONALD REAGAN

Em julho de 1946, uma companhia então bastante recente no mercado, a International Pictures, faria uma fusão com a Universal buscando a retomada da qualidade nas produções. Daquela união surgiria a Universal-International, que seria liderada por William Goetz, um executivo que tinha sido cofundador da 20th Century com ajuda financeira de Louis B. Mayer, seu sogro. Mayer havia fundado uma empresa que levava seu nome em 1918 e que, seis anos depois, se tornaria a MGM (Metro-Goldwyn-Mayer). A título de curiosidade, o outro fundador da MGM se chamava Marcus Loew, empresário que já havia comprado a Metro Pictures e a Goldwyn Pictures, sendo esta última a detentora dos direitos do leão Leo, mascote que foi adotado e utilizado pela MGM desde então.

Comandando a Universal, William Goetz se juntaria a Lew Wasserman, presidente da Music Corporation of America (MCA), para mudar os rumos da indústria cinematográfica. A MCA era uma agência que representava muitos artistas e, em 1950, juntos eles passaram a oferecer participação nos lucros dos filmes em vez de salários mais altos para atores e atrizes. Assim, Wasserman conseguia maior facilidade e acesso para seus clientes, enquanto Goetz podia minimizar riscos e investimentos operacionais.

Infelizmente, apesar de todas as tentativas, os resultados da Universal-International continuavam abaixo do esperado, mesmo com os planos ousados e ambiciosos de Goetz. Embora a tentativa de reduzir custos fosse insistente, a companhia não conseguia obter números satisfatórios, e os problemas financeiros, mais uma vez, voltariam a assombrar a empresa.

Quase dezesseis anos após a saída da família Laemmle, a Universal Studios ainda não demonstrava sinais de recuperação e seu futuro estava cada vez mais incerto. Evoluir e crescer parecia fora de cogitação. Desprovida de uma identidade clara, a empresa tentava sobreviver com muito esforço e pouca inspiração. Assim, em 1952, o controle da empresa mudaria novamente de mãos.

A Decca Records, uma companhia de origem inglesa, havia sido fundada em 1929 por Edward Lewis. Cinco anos mais tarde, junto de Jack Kapp e Milton Rackmil, Lewis criou uma unidade operacional nos Estados Unidos. Entretanto, pouco tempo depois, com as questões iminentes da Segunda Guerra Mundial, Lewis preferiu vender sua participação na Decca americana e focar em seus negócios na

Inglaterra. A ligação entre as duas unidades seria quebrada e ficaria assim por um longo período. Com uma operação independente, a gravadora atingiu receitas em torno de 18 milhões de dólares, sendo responsável por mais de 30% das vendas de discos em todo o território americano e consolidando-se após a guerra com grande sucesso. Ao assumir a Universal, a Decca se tornou uma das maiores empresas de entretenimento do mundo.

Apesar do ótimo resultado na indústria musical, os esforços da Decca nas produções cinematográficas espelhavam os de seus antecessores, pois não traziam os retornos desejados. Para piorar, em 1957, parte dos estúdios sofreria um incêndio criminoso, resultando em prejuízos de aproximadamente 500 mil dólares. Não era a primeira, nem seria a última vez que o fogo traria perdas financeiras para a Universal. Em 1932, quatro sets de filmagens já haviam sido queimados em decorrência de chamas provenientes de um incêndio florestal que ocorrera nas proximidades dos estúdios. Já em 1949, outro incidente, que destruiu um prédio inteiro e causou danos em outros dois, implicou mais um grande prejuízo para a companhia.

Não bastassem as consequências do incêndio no final da década de 1950, a televisão começou a despontar, o que ocasionou uma diminuição do interesse da audiência pelo cinema. O rádio também estava sendo deixado em segundo plano. Ainda havia muita resistência dos grandes estúdios em relação ao novo meio de comunicação, pois eles olhavam para a televisão como uma grande ameaça. Com todas as dificuldades que enfrentava, a Decca Records saiu em busca de ajuda financeira, encontrando uma opção em 1958. A MCA concordou em investir na compra de toda a área dos estúdios e seus ativos imobiliários. Assim sendo, a Decca teria uma injeção de capital e, ainda, manteria o controle da Universal, que continuaria operando normalmente. A única diferença era que, a partir daquele momento, a Decca passaria a pagar aluguel para a MCA.

Enquanto muitas companhias relutavam com a questão da televisão, a MCA, que já era a maior agência de talentos do mundo na época, abraçou a novidade, encarando aquele momento como uma oportunidade enorme. Entretanto, havia um empecilho. A legislação vigente não permitia que uma empresa representasse artistas e, também, produzisse conteúdo para a televisão. Qual seria a saída?

Quadragésimo presidente dos Estados Unidos, cujo mandato vigorou de 1981 a 1989, Ronald Reagan construíra uma carreira anterior, de fama e prestígio, longe da política. Reagan começara como comentarista esportivo e, no final da década de 1930, passou a atuar também em filmes. Durante esse período como ator, ele se tornou cliente da MCA e acabou se aproximando de Lew Wasserman, presidente da empresa. Entre os dois surgiria uma grande amizade.

> **"NÃO HÁ LIMITE NA QUANTIDADE DE BEM QUE VOCÊ PODE FAZER, SE VOCÊ NÃO SE IMPORTAR COM QUEM FICA COM O CRÉDITO."**
> **RONALD REAGAN**

Com a questão da legislação impedindo a MCA de representar os artistas e, ao mesmo tempo, produzir conteúdo para a televisão, a empresa precisava de uma autorização da Screen Actors Guild (SAG), a associação de atores e atrizes, cujo presidente era ninguém menos que Ronald Reagan. Ele estava cumprindo seu segundo mandato (1947-1952 e 1959-1960). Com a ótima relação construída durante os anos anteriores entre ele e Wasserman, a MCA recebeu a liberação e se estruturou para crescer mais rapidamente e de forma ainda mais consistente.

Enquanto isso, a Decca continuava enfrentando sérias dificuldades. O montante levantado com a venda da propriedade não foi suficiente para sua recuperação e o valor do aluguel acabou pesando muito nas contas da empresa. Por fim, em 1962, aconteceu o inevitável. A MCA, que já era dona da área dos estúdios, acabou incorporando a Decca e assumindo o controle da Universal. Contudo, essa não seria mais uma alteração de comando qualquer, pois os rumos da companhia estavam prestes a mudar. E muito!

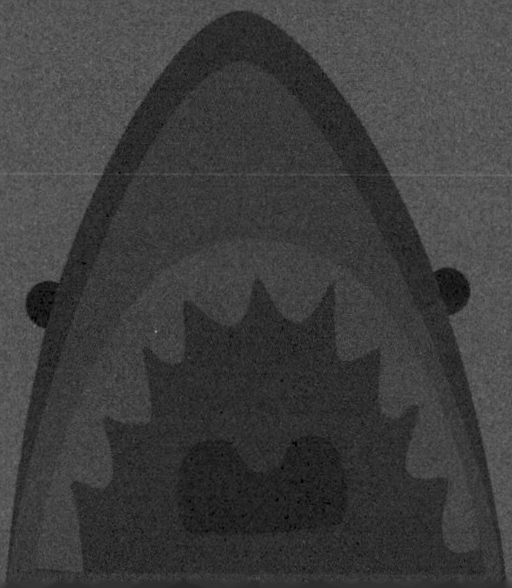

IV — A GRANDE RETOMADA

Jules Stein nasceu no dia 26 de abril de 1896 e cresceu com paixão pela música. Apesar de tocar em alguns eventos familiares enquanto fazia faculdade, não tinha grande talento musical. Formou-se em oftalmologia e logo ganhou notoriedade na área, mas continuou ligado à música ajudando algumas bandas, cantores e artistas a conseguirem espaço nos eventos em que costumava participar.

Alguns anos mais tarde, em 1924, Jules fundaria a Music Corporation of America (MCA) em Chicago no estado de Illinois e, assim, oficializaria sua atividade como agência de talentos. Pioneira em sua atuação e com uma cultura empresarial que fortalecia o elo entre aqueles que faziam parte da organização, a MCA foi crescendo e conquistando mercado com certa rapidez. Jules tinha uma forma bastante firme de lidar com as finanças, o que ajudou bastante no desenvolvimento e na evolução da companhia.

"CUIDE DOS CENTAVOS QUE OS DÓLARES CUIDARÃO DE SI MESMOS."
JULES STEIN

Embora não fizesse a menor ideia na época, em 1936 Jules Stein contratou uma pessoa que o ajudaria a levar a empresa para outro patamar. Lew Wasserman, nascido em 22 de março de 1913 – portanto, dezessete anos mais novo que Jules – logo se tornou seu pupilo.

Em 1939, a MCA trocaria o local de sua sede, deixando Chicago rumo a Beverly Hills na Califórnia. No início dos anos 1940, a MCA já era a maior agência de talentos do mundo inteiro.

Stein, que sempre teve um tino gerencial bastante apurado, se tornou chairman da empresa em 1946, nomeando Lew Wasserman como presidente. Começava aí uma nova era de realizações e conquistas, inclusive em mercados totalmente distintos do que eles atuavam até então.

Em 1958, quando a MCA decidiu comprar a área de quase quatrocentos acres onde operava a Universal em Hollywood no período em que a Decca passava por dificuldades financeiras, Lew Wasserman conseguiu um acordo muito atrativo e interessante para a empresa. Ela teria que fazer um investimento em torno de 11 milhões de dólares para se tornar a proprietária daquele terreno, onde a Universal continuaria funcionando de maneira independente. Em contrapartida, a Universal ficaria encarregada de realizar pagamentos milionários referentes ao aluguel. O negócio foi realizado com tanta astúcia por Wasserman que chegou a ser analisado por alguns especialistas como uma grande manobra financeira, uma vez que os estúdios estavam pagando para, no final, serem adquiridos pela MCA. Dessa forma, o acordo não durou muito e, no ano de 1962, a incorporação se tornou inevitável, nascendo a MCA Universal.

> 🌎
> **"FOI UM DOS MAIORES NEGÓCIOS QUE LEW CONCEBEU E CONCRETIZOU PARA A MCA."**
> JULES STEIN

Vários investimentos em atualizações e modernizações daquela área e suas instalações já vinham sendo realizados pela MCA desde a aquisição, mas, a partir daquele momento, a empresa passou a olhar também para o negócio e a investir nas produções. Não por acaso, em pouco tempo, grandes nomes que a companhia agenciava estavam assinando contratos com a Universal. Um novo caminho se abria e, dessa vez, com muito mais pompa.

Além de agregar artistas renomados, a MCA reforçou as produções de cinema e de televisão, mas a principal decisão para o futuro dos parques viria em 1964, quando Lew Wasserman resolveu trazer novamente o público para viver aquela experiência única e diferenciada dentro dos estúdios, inicialmente idealizada por Carl Laemmle. Surgia o Studio Tour, novidade que, como era de se esperar, o público recebeu de maneira bastante positiva, obtendo um sucesso quase instantâneo. Em 1968, a Universal contava com aproximadamente cem guias trabalhando no verão e um número muito expressivo de visitantes, que ultrapassava 1,2 milhão por ano.

Se Lew Wasserman era o pupilo de Jules Stein, o tempo mostraria que Sidney Sheinberg se tornaria o seu. Sid, como era conhecido, nasceu no dia 14 de janeiro de 1935 e era 22 anos mais jovem que Wasserman. Em 1959, ele foi contratado para trabalhar na área jurídica do conglomerado MCA, pouco tempo depois de se formar. Sid chegaria à presidência da companhia em 1973, com Wasserman na posição de chairman. Dois anos depois, os estúdios bateriam um novo recorde de visitantes com a marca de 2,3 milhões.

Sid Sheinberg foi responsável por descobrir o promissor diretor Steven Spielberg no final da década de 1960, na época com 22 anos de idade e uma carreira brilhante pela frente, não apenas dirigindo filmes, mas também ajudando a Universal como consultor criativo em seus parques. Sob o comando de Wasserman, Sheinberg aprendeu o valor da confiança, tanto em si quanto na relação com os demais. Juntos, os dois executivos transformariam a Universal de um estúdio com produções de segunda categoria em um dos maiores conglomerados de entretenimento do mundo. Sob o comando deles, esse caminho de crescimento, conquistas e sucessos seria trilhado de forma consistente e, até certo ponto, destemida.

"VOCÊ NÃO PODE CORRER COM MEDO E TER SUCESSO NO SHOW BUSINESS."
JULES STEIN

Em 1975, o lançamento do filme *Tubarão*, de Steven Spielberg, foi um enorme sucesso de bilheteria. Aclamado pelo público, a Universal aproveitou o momento bastante favorável e disponibilizou rapidamente uma réplica do feroz animal para que os visitantes dos estúdios pudessem tirar uma fotografia ao lado do protagonista da produção. No ano seguinte, uma experiência baseada no filme também seria inaugurada, abrindo novas possibilidades para o futuro das atrações e, até mesmo, do próprio Studio Tour.

Em busca de oportunidades, a Universal vislumbrou grande potencial em *King Kong*, um clássico produzido em 1933. A intenção era criar uma nova versão da história do gorila gigante no cinema para, posteriormente, aproveitar o personagem no intuito de atrair um número ainda maior de visitantes. Entretanto, a Paramount entrou na disputa e acabou conseguindo os direitos da refilmagem, que foi lançada em 1976. Por mais que tenha perdido a chance de produzir o filme, a Universal encontrou uma alternativa bastante inteligente e agiu de maneira rápida, garantindo a licença para construir uma atração. Foram quase dez anos até que isso ocorresse em 1986, mas várias outras coisas vinham andando paralelamente.

No mesmo ano em que Sid Sheinberg iniciou sua jornada na Universal, um jovem chamado Jay Stein também começou a trabalhar na empresa e assumiu um cargo cuja responsabilidade era distribuir as correspondências que chegavam aos estúdios. Apesar do sobrenome, Jay não tinha nenhum parentesco com Jules, fundador da MCA. Ele estava sempre disposto a fazer o que fosse preciso, incluindo algumas atividades que a maioria tentava evitar. Dessa forma, foi ganhando destaque e logo veio uma oportunidade sobre a qual Jay hesitou e decidiu se aconselhar com seu pai:

> 🌎
> **"SE SEU CHEFE LHE PEDIR ALGO E VOCÊ RECUSAR, TALVEZ ELE NÃO LHE PEÇA NOVAMENTE."**
> **CONSELHO QUE JAY STEIN RECEBEU DE SEU PAI**

Seguindo as palavras de seu pai, Jay foi aproveitando as oportunidades que apareciam e, assim, crescendo na corporação. Com o tempo, passou a assumir funções de maior responsabilidade até chegar ao topo da área de recreações, comandando, inclusive, o Studio Tour em Hollywood.

Desde o reinício das operações, os visitantes podiam conferir as atrações num passeio de trem cujos guias explicavam detalhes e traziam curiosidades de tudo aquilo que acontecia nos estúdios. Frequentemente, o ponto alto era quando podiam conferir um artista ou outro nos intervalos das gravações, mas a verdade era que, após o sucesso de *Tubarão* e a promessa de *King Kong*, as possibilidades se tornaram praticamente infinitas. Jay estava ansioso para explorá-las.

Ao se tornar presidente da divisão de entretenimento, Jay trabalhou em todas as diferentes funções do Studio Tour por mais de dois meses. Além de conhecer melhor cada posição, ele também aprendeu muito com o responsável pelas operações, Cliff Walker, sobre a importância de liderar pelo exemplo, estar perto das pessoas e não ficar fechado em seu escritório. Outra grande vantagem foi que, a partir dali, Jay passou a ter maior liberdade para criar e tentar colocar novas ideias em prática. Invariavelmente, precisava do consentimento e do aval de Sid Sheinberg e, especialmente, de Lew Wasserman que, muitas vezes, demonstrava certa cautela, mesmo tendo sido um dos principais responsáveis pela construção daquele império chamado MCA.

Jay sempre foi um trabalhador sério, dedicado e ambicioso. Entretanto, também exigia muito de seus colaboradores e não esperava nada menos que aquilo que ele mesmo entregava. As relações com ele não eram das mais fáceis e alguns não duravam muito tempo no trabalho. Com Jay, tudo era muito intenso, mas sempre baseado na lealdade, afinal, foi dessa forma que havia aprendido. A maneira como a MCA era conduzida, na maioria das vezes, tirava o que as pessoas tinham de melhor, especialmente com Wasserman no comando. Entretanto, o ambiente não era dos mais tranquilos com discussões presentes, diariamente. Os executivos que se mantinham firme e apresentavam bons argumentos para suas propostas acabavam prevalecendo.

Jay Stein entendia que não bastava construir algo com um tema interessante, por isso buscava sempre o inusitado em cada nova atração. Dessa forma, ficou conhecido por criar e estimular aquilo que foi batizado como Jay Bangs, ou seja, aqueles momentos em que os visitantes são surpreendidos com susto, admiração ou mesmo respingos de água, realçando a experiência. Ele vislumbrava um caminho totalmente diferente daquele que a Disney havia pavimentado, com bem mais emoção e adrenalina.

Com toda sua dedicação, Jay buscava insistentemente maneiras de incrementar a experiência dos visitantes e apostava que o público queria ver sempre mais. Foi dele a ideia de abrir a visitação aos finais de semana, já que muitos aventavam que com o estúdio parado (as filmagens aconteciam apenas de segunda-feira à sexta-feira) ninguém se animaria a fazer uma visita. Jay acreditava que a Universal precisava olhar não apenas para os turistas, mas também para os residentes, pois existia um número considerável de pessoas ao redor da Universal que trabalhava durante a semana e não tinha como participar do Studio Tour.

Não por acaso, o número de visitantes continuou aumentando. No final dos anos 1970, Jay estava convencido de que uma expansão seria excepcional para os negócios. A ideia não era crescer ainda mais a operação na Califórnia, mas buscar outra cidade para um novo estúdio. O principal objetivo era ter uma segunda localidade que servisse para novas produções, tanto de filmes quanto de conteúdos para a televisão, e, obviamente, explorasse o interesse crescente do público nas visitações.

Considerando a viabilidade de administrar um segundo local já com receitas, a Universal decidiu procurar parques ou atrações que estivessem em funcionamento. Comprar um negócio em operação se tornou o foco da expansão e, em 1976, surgiu a oportunidade de aquisição da SeaWorld. A empresa, fundada em 1964 por ex-alunos da UCLA (University of California, Los Angeles), se destacava em sua área de atuação, por isso Lew Wasserman decidiu fazer uma oferta. Avaliando os valores de mercado e considerando as condições daquele momento, ele ofereceu 35 milhões de dólares. De imediato, o montante foi considerado baixo e, mesmo precisando de aporte, a SeaWorld buscou outra alternativa. O próprio Sid Sheinberg tentou persuadir Wasserman a reconsiderar a proposta, mas ele dizia não querer entrar num leilão e pagar mais do que era necessário. No final, a editora Harcourt Brace Jovanovich acabou levando com uma oferta em torno de 65 milhões de dólares. Mais tarde, Wasserman reconheceu o fato de ter perdido uma grande oportunidade, mas isso não evitou uma nova tentativa frustrada.

Negociando com o Cedar Point de Ohio, a MCA voltou a usar a estratégia de oferecer um valor considerado baixo, novamente fracassando na aquisição.

"TALVEZ NÓS DEVÊSSEMOS TER COMPRADO A SEAWORLD."
LEW WASSERMAN

Apesar das investidas em buscar negócios em operação, Jay acreditava que um novo local poderia ser mais vantajoso. Depois de procurar algumas opções, ele entendeu que o mais apropriado seria a Flórida. A Disney vinha tendo muito sucesso com seu parque em Orlando, o Magic Kingdom, e Jay acreditava que o número de turistas continuaria crescendo na região. Para ele, tudo se encaixava perfeitamente e faltava apenas a parte mais desafiadora, persuadir Lew Wasserman e Sid Sheinberg a embarcarem na aventura de abrir os novos estúdios da Universal na outra costa americana.

Após reunir várias informações, incluindo um estudo que indicava que quase 70% das pessoas que visitavam a Disneyland também tinham vontade de visitar os estúdios da Universal na Califórnia, Jay foi apresentar sua ideia a Wasserman e Sheinberg. Com muita confiança, ele conseguiu convencer ambos do potencial do novo projeto, mas Wasserman impôs uma única condição para que pudessem avançar: se aquele negócio era realmente tão bom quanto se mostrava, então a MCA não teria dificuldades em arrumar um parceiro. O objetivo era evitar o aporte total por conta própria visto que a empresa estava investindo em diversas iniciativas.

"POR QUE NÓS DEVEMOS CORRER TODO O RISCO."
LEW WASSERMAN

Enquanto preparava as apresentações e pensava em possíveis investidores, Jay Stein contratou um representante para explorar áreas na região de Orlando que fossem adequadas ao novo projeto no intuito de manter a identidade do comprador em sigilo. O primeiro retorno trouxe cinco opções com potencial, mas que, aos poucos, foram sendo descartadas. Quando finalmente eles sentiram confiança em uma das propriedades que foram oferecidas, o terreno escolhido era formado por vários diferentes lotes e, para viabilizar, as negociações teriam que funcionar com todos, sem exceção.

Em 1979, a Universal adquiriu 312 acres em Orlando e, dois anos mais tarde, outros 111, totalizando uma área de 423 acres que, a priori, parecia suficiente, afinal, ninguém imaginava a necessidade de um espaço maior do que tinham em Hollywood. Wasserman gostou bastante e concordou com o local, pois além do tamanho aproximado ao da Califórnia, ele possuía outras semelhanças, como estar próximo de uma rodovia interestadual. Só faltava agora o parceiro para que o projeto saísse do papel de uma vez por todas.

O anúncio oficial do projeto foi realizado em 1981. Nessa ocasião, a Universal divulgou que faria uma versão maior e com mais atrações do que aquela na costa oeste do país. A ideia era manter a estrutura de visitação com trens, aproveitando os estúdios que estariam em funcionamento e agregando novidades. O plano era inaugurar em 1984, por isso precisavam agilizar a busca da peça que estava faltando: um sócio para o empreendimento.

Sid Sheinberg tinha uma excelente relação com os executivos da Paramount e sugeriu que essa fosse a primeira opção, já que ele considerava o presidente, Michael Eisner, como um amigo e alguém em quem podia confiar. A reunião logo foi agendada e, no ano de 1981, a Universal dividiu informações detalhadas sobre o projeto, despertando bastante interesse do lado da Paramount. Infelizmente, algum tempo se passou sem que as partes chegassem a um acordo, e Jay Stein teve que reiniciar a procura por novas opções. Depois de fracassar com empresas como a Radio Corporation of America (RCA), as negociações estavam evoluindo relativamente bem com a Taft Broadcasting Company, um conglomerado de mídia baseado em Ohio que, entre outras aquisições, já possuía em seu portfólio a Hanna-Barbera Productions, responsável por animações como os *Jetsons*, os *Flintstones* e *Scooby-Doo*, para mencionar apenas algumas. Contudo, o processo era lento, com muitos detalhes a serem avaliados.

Em 1984, a Universal ainda não tinha conseguido encontrar um parceiro para investir de maneira conjunta. O cenário econômico era um dos principais fatores, mas Jay Stein continuava cheio de convicção com aquele projeto, mantendo a chama acesa com o apoio de Lew Wasserman e de Sid Sheinberg. Entretanto, uma notícia mudaria muita coisa naquele ano. No dia 23 de setembro, uma nova dupla assumiria a liderança do grupo Disney. O presidente seria Frank Wells enquanto que o chairman e CEO da companhia passaria a ser Michael Eisner, o ex-presidente da Paramount que havia participado daquela reunião sobre o empreendimento em Orlando três anos antes, em que a Universal havia aberto todos os seus planos. Logo que soube, Sid Sheinberg entrou em contato na tentativa de retomar o projeto, mas Eisner alegou que já estava trabalhando em algo por conta própria e preferia evitar uma reunião que pudesse comprometê-lo, ou até mesmo comprometer a Disney, no futuro.

Não demorou muito para que a Universal fosse surpreendida com a notícia de que a Disney anunciava a abertura de um terceiro parque temático no seu complexo de Orlando, dessa vez com um novo conceito inspirado nos grandes estúdios de Hollywood. Diziam que a ideia era destacar as produções cinematográficas, oferecendo visitas a bastidores de filmes, além de curiosidades que encantariam os amantes do cinema. Mas não era exatamente isso que a Universal vinha fazendo havia décadas na Califórnia?

Ali começava uma corrida contra o tempo. Para piorar, a Taft, ao saber da notícia, preferiu encerrar as negociações, pois uma coisa era ser original e único; outra era se tornar concorrente da Disney. Passaram-se mais dois anos até que a Universal encontrasse seu parceiro em 1986, quando a companhia canadense Cineplex Odeon Corporation aceitou o desafio. Ela atuava em cinemas desde 1941, e essa se tornava sua investida mais ousada.

A Universal estava preocupada com a opinião pública, afinal, se a Disney inaugurasse seu parque antes, as pessoas poderiam acusar a empresa de ter plagiado a ideia que, originalmente, era dela própria. Não havia saída fácil, e tudo demandaria muita criatividade.

O complexo Walt Disney World era líder absoluto no mercado de parques temáticos, explorando áreas em que os outros nem sequer pensavam, como hotelaria e centro de entretenimento oferecendo lojas e restaurantes. Por outro lado, a Universal comandava sozinha a indústria de experiências em estúdios cinematográficos. Quando a Disney deixou claro que queria explorar também este segmento, foi dada a largada para uma corrida eletrizante contra o tempo. Poucos poderiam imaginar que a disputa que estava nascendo revolucionaria o mercado de parques temáticos, ajudando a transformar Orlando, anos mais tarde, no maior destino turístico do mundo inteiro. Restava apenas uma dúvida: quem abriria primeiro as portas ao público, a Disney ou a Universal?

Como a atração do King Kong na Califórnia tinha acabado de ser lançada, Sid Sheinberg, que sempre esteve atento aos detalhes, deu uma sugestão que foi prontamente colocada em prática. A Universal fez uma divulgação na cidade de Orlando usando a imagem do enorme gorila com os dizeres: "Programe-se para, um dia, nos encontrarmos na Flórida". Aquele foi o primeiro comunicado de que a Universal não se intimidaria, porque, mais do que o público, a própria Disney entenderia a mensagem.

"EU GOSTO DOS DETALHES."
SID SHEINBERG

Tendo começado suas obras antes, a Disney, que já operava três parques em Orlando na época (Magic Kingdom, Epcot Center e o aquático River Country), anunciava a abertura para 1988. Por sua vez, a Universal, que iniciava a operação de sua primeira localidade fora de Hollywood, enfrentava alguns desafios adicionais e planejava a inauguração para 1989. O desejo de ser o primeiro a abrir os portões aos visitantes misturava vários sentimentos nos executivos da MCA. Apreensão talvez fosse o maior, porém ansiedade e até mesmo raiva se faziam presentes. No final, a Disney se uniu ao MGM Studios e conseguiu abrir em maio de 1989, enquanto que os portões da Universal Studios Florida foram abertos somente um ano mais tarde, no dia 7 de junho de 1990. Se não bastasse o fato de ter inaugurado depois, a Universal ainda enfrentou adversidades similares àquelas que a Disney havia sofrido quando lançou seu primeiro parque em Anaheim, na Califórnia, em 1955. Muitas atrações não funcionaram como deveriam, houve excesso de pessoas e uma infinidade de reclamações, episódios que marcaram esse dia de maneira negativa. A Universal até tentou atender o público da melhor forma possível, inclusive distribuindo ingressos gratuitos para uma nova visita no futuro. Infelizmente, não foi suficiente e o segundo dia não foi muito diferente. Assim, as comparações com a Disney foram inevitáveis.

O fato de a Disney ter largado na frente deu uma falsa impressão de que a Universal tinha copiado o concorrente, quando, na verdade, foi exatamente o contrário. De qualquer maneira, com o tempo ficaria claro que, apesar de algumas atrações bastante similares, os dois parques possuíam DNA muito distintos. Enquanto a Disney focava na magia e na fantasia, a Universal tinha como foco aventura, descoberta e adrenalina (apesar de sofrer com as mudanças de comando que estavam por vir, essa identidade seria recuperada e fortalecida depois de muitas turbulências).

Com todos os problemas iniciais, muitos projetavam uma vida curta para a Universal, mas ela não desistiria nos primeiros obstáculos. Ela sabia que não havia perdido a guerra, talvez só uma batalha. Contudo, se houve um vencedor, este certamente foi a cidade de Orlando, já que os anos seguintes mostrariam que a concorrência entre as duas companhias seria incrivelmente benéfica para o mercado como um todo, estimulando uma infinidade de inovações, incentivando o desenvolvimento da região e premiando os visitantes, que cresceriam constantemente.

Logo de início, a Universal entendeu que, se quisesse concorrer com a Disney, teria que fazer um caminho diferente. Dessa forma, contratou o diretor Steven Spielberg como consultor criativo para o complexo na Flórida, além de utilizar suas grandes produções que ajudariam a rechear o parque com atrações baseadas em filmes que o público adorava e com os quais se identificava. Apesar de todos os desafios, da concorrência com uma empresa como a Disney e de ter iniciado sua operação depois, a Universal enxergava um potencial cada vez maior para a empreitada em Orlando. Assim sendo, Lew

Wasserman levantou a questão com Sid Sheinberg sobre a importância de sua força de capital para poder concorrer com a Disney enquanto continuavam explorando as várias outras oportunidades. Na época, a MCA, que tinha surgido como agência de talentos, já estava em diferentes mercados. Visando um crescimento cada vez maior, ela sabia que sozinha não conseguiria conquistar tudo que era possível e, ainda, manter o controle das finanças e evitar riscos demasiados. Arrumar um parceiro para cada negociação seria mais complicado do que conseguir um único comprador para a empresa que os mantivesse no comando.

Uma dessas oportunidades ocorreu em 1989, quando a editora Harcourt Brace Jovanovich passou a enfrentar problemas financeiros e colocou a SeaWorld novamente à venda. Tendo aprendido com a primeira negociação, agora a MCA fez uma oferta mais realista dessa vez, próxima a 1 bilhão de dólares. Não era para ser, pois a Anheuser-Busch levou por quase 200 milhões de dólares a mais.

Em 1990, a MCA faria mais uma aquisição ao adquirir a Geffen Records, gravadora fundada pelo empresário David Geffen. Logo em seguida, eles encontrariam um potencial comprador que se mostrava simpático à manutenção de Sid Sheinberg como presidente, com pouca interferência na gestão da maneira que Lew Wasserman desejava. Parecia que tudo se encaixava e que o parque em Orlando iria finalmente decolar. Parecia.

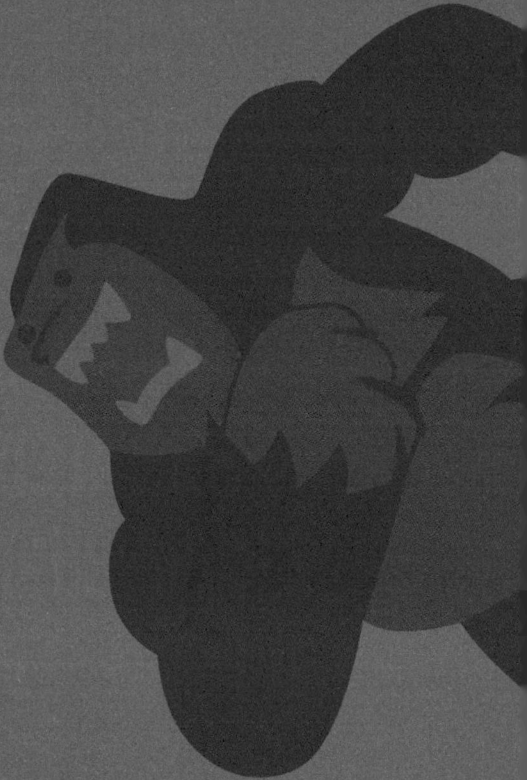

V – VILÕES QUE FORTALECERAM A CONCORRÊNCIA

Em 1923, a Universal buscava um parceiro para lançar um novo desenho animado. Margaret J. Winkler era a fundadora de uma distribuidora em Nova York que representava os interesses da Universal e saiu atrás de estúdios que pudessem produzir aquelas animações. Encontrou uma possibilidade no jovem Walt Disney, que estava com problemas financeiros, mas cheio de disposição. Ele havia se arriscado em um projeto ousado que unificava desenhos animados e uma atriz real na mesma produção, chamado *Alice in Cartoonland*. Aquela parecia uma oportunidade muito interessante tanto para Walt Disney quanto para a Universal.

A proposta inicial previa doze episódios, e apesar de não ser das mais animadoras financeiramente, Walt aceitou as condições oferecidas por Winkler, já que precisava de alguma oportunidade para mostrar seu trabalho no mercado. Foi nesse ano que ele se mudou de Kansas City para Hollywood, ficando mais próximo de seu irmão Roy, com quem tinha muita afinidade. Com o pedido em mãos, Walt sugeriu sociedade ao irmão; assim surgiu a Disney Brothers Studios. Surpreendentemente, a série obteve enorme sucesso, fazendo com que Winkler aumentasse a demanda para dois episódios por mês. Tudo caminhava bem e Walt Disney começava a vislumbrar um futuro repleto de possibilidades.

No ano seguinte, Margaret Winkler se casou com Charles B. Mintz. Logo em seguida, tiveram sua primeira criança e, pouco tempo depois, Margaret deixou que o marido assumisse o comando da empresa. Mintz era duro, exigente e, com frequência, solicitava alterações na produção, algo que significava forte impacto nos negócios e, consequentemente, nos custos. Os irmãos Disney não tinham muita escolha a não ser acatar as alterações exigidas. Quando eles assinaram um novo contrato, as condições ficaram ainda menos favoráveis, já que seriam pagos apenas após as produções serem aprovadas, inclusive contemplando possíveis exigências de mudanças. Walt e Roy não podiam se dar ao luxo de perder aquela visibilidade e, por isso, concordaram com os termos de Mintz.

A relação de Walt Disney com Margaret Winkler sempre foi bastante amistosa, mas com o marido dela, o tom era completamente diferente. Em 1927, controlando a situação, Charles Mintz pediu a Walt que criasse um novo personagem também para a Universal. Foi assinado um contrato de um ano, a partir do qual nasceria Oswald The Luck Rabbit, um coelho irreverente que viria a fazer enorme sucesso. No ano seguinte, já em melhores condições de barganha, Walt foi mais preparado para negociar a renovação. Ainda assim, não chegaram a um acordo. O que surpreendeu Walt foi o fato de que Mintz iria produzir as animações por conta própria já que, no contrato anterior, Walt, que tinha assinado sem ler o documento, havia concordado em ceder os direitos do personagem para a Universal. Para piorar, Mintz também havia convidado toda a equipe de Walt, que aceitou a proposta, com exceção de Ub Iwerks, um exímio desenhista que se tornaria um dos maiores nomes na história das animações da Disney, principalmente de um personagem que ainda estava por ser criado.

"É BOM TER UM FRACASSO ENQUANTO VOCÊ É JOVEM. ALGO QUE O FAÇA ENTENDER QUE AQUILO PODE ACONTECER COM QUALQUER UM E QUE, TENDO ENFRENTADO O PIOR, VOCÊ NUNCA MAIS FICARÁ TÃO VULNERÁVEL DEPOIS."
WALT DISNEY

Desolado, Walt, que havia cruzado inteiramente os Estados Unidos para a reunião com Mintz em Nova York, ainda encararia uma longa viagem de volta a Hollywood, onde teria que dar a trágica notícia para Roy Disney. Entretanto, ao pegar o trem em que viajaria de volta por todo o país a caminho de casa, Walt não poderia imaginar que ali surgiria a sua maior criação. A ideia que ele teve durante a viagem resultou naquele que é, provavelmente, o maior personagem animado de todos os tempos, o simpático ratinho Mickey Mouse.

Já na California e completamente animado, Walt disse a Roy que eles haviam perdido o coelho Oswald, mas ganhado o rato Mickey. Junto a Ub Iwerks, ele já iniciou os primeiros desenhos que transformariam aquela frustração numa das melhores coisas que aconteceram em sua trajetória, tanto pessoal quanto profissional. Se a Universal, através de Charles Mintz, tivesse sido mais flexível, talvez a história fosse completamente diferente e Walt Disney não iniciasse o império que criou a partir da criação do Mickey. Talvez. A única certeza era de que, apesar de ter um contrato a seu favor, Mintz não agiu de maneira ética e certamente instigou Walt a procurar outras alternativas, indiretamente lhe ajudando de inúmeras maneiras e, assim, fortalecendo aquele que se tornaria o líder mundial do mercado de entretenimento – e, por tabela, o pior concorrente que qualquer empresa poderia querer enfrentar.

Em 2009, a Disney lançou a animação *Up: Altas Aventuras* em que um viúvo idoso tenta realizar o sonho de sua falecida esposa e visitar o Paraíso das Cachoeiras na América do Sul. Para isso, ele amarra uma enorme quantidade de balões em sua casa de maneira a fazer com que ela possa voar. Durante o enredo, surgem personagens complementares à trama, incluindo um vilão cujo nome, Charles F. Muntz, pode ter sido inspirado em uma pessoa real.

De volta ao passado, mais exatamente ao ano de 1984, quando Michael Eisner assumiu o comando do grupo Disney, vale reforçar como ele surpreendeu a Universal ao anunciar um novo parque em Orlando, explorando o tema da indústria cinematográfica. Três anos após ter participado de uma reunião nos escritórios da Universal em Hollywood como presidente da Paramount, Eisner, já como CEO da Disney, decidiu partir para a expansão, aproveitando-se de todas as informações e dos planos que Jay Stein e Sid Sheinberg haviam dividido com ele. Assim como Charles Mintz, a ética foi deixada de lado e, dessa vez, não havia nem contrato.

Muitos não fazem ideia dessa manobra de Eisner, que era um executivo bastante astuto e extremamente competente. Esses fatos desencadearam opiniões que sugeriam um possível troco da Disney contra a Universal, mas, na verdade, nenhuma das empresas foi diretamente responsável em ambas as ocorrências. Decisões individuais não devem rotular nenhuma companhia, apesar de que não há como negar que esses foram momentos desagradáveis e que não condizem com a história dos dois gigantes do entretenimento que encantam e emocionam milhões de pessoas do mundo inteiro todos os anos.

Eisner tinha ciência dos planos do concorrente, mas, avaliando o acervo da Disney na época, não demorou a identificar que não teria condições de concorrer com o arsenal da Universal. Pensando em ganhar tempo para poder abrir o parque primeiro, ele procurou a MGM Studios para firmar uma parceria. As negociações andaram bem e Eisner conseguiu um acordo excepcional para a Disney, mas que a MGM, mais tarde, alegaria não ter sido muito atrativo para ela. Antes mesmo de o parque abrir, em meados de 1988, a MGM entrou com uma ação contra a Disney por violação de direitos de licenciamento. Essa relação continuaria difícil até se encerrar, definitivamente, em 2008, quando o parque passou a se chamar Disney Hollywood Studios.

De toda forma, Eisner havia conseguido o que lhe faltava para oferecer ao público tudo aquilo que a Universal havia planejado, afinal, a MGM tinha um acervo enorme. Para evitar problemas, os advogados da Disney faziam questão de afirmar que Eisner nunca esteve naquela reunião de 1981. Jay Stein, que tinha ficado furioso com a traição, por vezes chegou a comentar que o parque da Disney era baseado em mais de 65% no projeto original da Universal. Terry Winnick, ex-VP da Universal Studios Hollywood e um dos responsáveis pelo desenvolvimento do parque na Flórida junto a Jay, afirmou que a Disney realmente havia plagiado o projeto.

> "A DISNEY ROUBOU NOSSA IDEIA.
> ELES NOS COPIARAM."
> TERRY WINNICK

Com toda essa disputa criada por Michael Eisner, a Disney acabou por fomentar um desejo ainda maior da Universal em obter sucesso e prosperar na Flórida. Assim como Charles Mintz fortaleceu Walt Disney com a fatídica negociação do coelho Oswald, fica evidente que Eisner também fortaleceu a Universal com esse episódio, estimulando muito mais dedicação daquele que se tornaria um concorrente de fato no futuro, em especial na cidade de Orlando, onde a Disney liderava sem nenhum desconforto. Contudo, as consequências de suas decisões não pararam por aí.

Ao assumir como CEO da Disney, Michael Eisner fez algumas contratações: uma das primeiras foi trazer Jeffrey Katzenberg, um grande executivo que havia trabalhado com ele na Paramount. O tempo mostraria que a competência e a dedicação demonstradas no antigo emprego permaneciam as mesmas, pois Katzenberg também se destacou bastante na nova companhia. Dessa maneira, ele começou a almejar o lugar de Frank Wells como presidente da Disney. Em 1994, Wells sofreu um acidente de helicóptero fatal, deixando o cargo livre. Foi aí que Katzenberg descobriu realmente as intenções de Eisner. Sem nomear um novo presidente, ele assumiu a posição e ainda se manteve como CEO. Furioso e inconformado, Katzenberg acabou deixando a Disney naquele ano e entrando com um processo contra a empresa. Dessa vez, Eisner não fortaleceu a concorrência, mas fez algo pior. Ele incentivou o surgimento de um novo estúdio que iria encarar a Disney de frente em outro mercado em que ela tinha uma liderança estabelecida, o de animações.

A DreamWorks foi fundada em 1994 por Jeffrey Katzenberg e outros dois sócios, Steven Spielberg e David Geffen. Apesar de realizar produções de todos os tipos, essa nova companhia era forte especialmente no segmento de desenhos animados. A Disney, que tinha construído uma história encantadora desde sua fundação sob a tutela de Walt, foi obrigada a assistir à DreamWorks receber o primeiro Oscar da categoria criada apenas em 2001, pelo filme *Shrek*, uma sátira aos contos de fadas tradicionais. O enredo conta a história de um ogro que sempre gostou de viver sozinho e que acaba se apaixonando por uma princesa. O roteiro divertido segue um caminho totalmente oposto ao dos clássicos da Disney. Certamente, foi um momento de satisfação para Jeffrey Katzenberg, que conseguiu vencer Michael Eisner na indústria em que a Disney era dominante até então. E a intriga entre os dois não parou por aí. Existem especulações de que o vilão do filme, Lord Farquaad, foi baseado nas características físicas de Eisner, com apenas uma ressalva. Eisner era muito mais alto que Katzenberg e, por diversas vezes, se referiu ao antigo colega como anão. Acredita-se que a baixa estatura de Farquaad tenha sido uma maneira de Katzenberg devolver a provocação daqueles anos todos.

Outro executivo que se destacava no conglomerado Disney era Steve Burke. Após iniciar sua carreira na empresa em 1986 e ser um dos responsáveis pelo desenvolvimento da Disney Store pelo mundo, Burke se tornou CEO e presidente da EuroDisney em 1992. Cinco anos mais tarde, ele se tornaria presidente da rede ABC, recém-adquirida pela Disney. Burke era a pessoa mais indicada por todos os especialistas para comandar a companhia num futuro próximo, mas Michael Eisner tinha outros planos. Em 1998, quando a divisão de parques e resorts da Disney precisava de um novo líder, Steve Burke seria a escolha mais certeira, porém Eisner preferiu nomear Paul Pressler, que não tinha nenhuma experiência na operação, como novo presidente. Frustrado, Burke acabou aceitando uma proposta para deixar a empresa e iniciar um novo desafio como presidente da Comcast Cable, mudando totalmente os rumos de sua carreira. Burke ainda não imaginava que, pouco mais de uma década depois, ele retornaria ao mercado de entretenimento que tanto conhecia, mas agora pelo lado da concorrência. Em vez de ABC, seria a vez da NBC. Em vez de Disney, seria Universal. Graças a Michael Eisner, a Comcast tinha o executivo perfeito para assumir o comando da NBC Universal quando eles fizeram a aquisição da empresa.

VI – ENFRENTANDO O GIGANTE

Sempre que Roy Disney criava algum empecilho para avançar com as ideias de Walt, ele ameaçava levá-las para Jules Stein financiar o projeto em questão. O fundador da MCA acabou se tornando um grande de amigo e uma pessoa com quem Walt tinha bastante afinidade. Nenhum dos dois viveria o suficiente para ver a concorrência que surgiria entre as empresas que haviam fundado. Walt morreria apenas quatro anos após a MCA assumir a Universal enquanto que Jules, já afastado da empresa, faleceria em 1981.

A companhia criada pelos irmãos Disney sempre teve o gene de Walt. Roy se preocupava em garantir que tudo funcionasse nos bastidores, deixando todos os holofotes para seu irmão mais novo. Em 1966, quando Walt faleceu, Roy deixou a aposentadoria e voltou ao comando da empresa até sua morte em 1971, meses depois de inaugurar o Magic Kingdom, primeiro parque da Disney em Orlando. Com a ausência dos dois irmãos, a companhia perdeu muito da sua personalidade, e os sucessores constantemente se debatiam quanto ao que deveria ser feito, especulando o que Walt faria se ainda estivesse vivo.

Com tamanha incerteza e pouca ousadia, a Disney passou cerca de uma década patinando sob o comando de Card Walker. Ele era cria da empresa, tendo iniciado sua carreira em 1938 da mesma forma que Jay Stein havia começado na MCA, como responsável pelas correspondências. Portanto, o grande problema não era sua capacidade ou experiência, mas, sim, o fato de não assumir o controle com pulso firme, uma vez que ele e todos os outros executivos estavam acostumados com o comando centralizador de Walt, que não deixava muito espaço para decisões dos demais.

No início da década de 1980, Ron Miller, genro de Walt Disney, assumiu a presidência. Com um perfil muito mais inovador, ele passou a investir em novos projetos, como a criação do Disney Channel e, assim, começou a recuperar muito do valor perdido pela companhia nos anos anteriores. Mesmo assim, a conduta de

Miller não agradava a todos. Alguns investidores e executivos da empresa passaram a criticá-lo, inclusive Roy Edward Disney, filho de Roy e sobrinho de Walt.

Em 1984, grandes corporações passaram a sondar a situação da Disney, que ainda não havia conseguido se livrar, de uma vez por todas, da estagnação. Um dos grandes interessados em incorporar a Disney era Lew Wasserman. Ele e Miller eram amigos e as conversas andaram bem. Quando parecia tudo encaminhado, Wasserman e o chairman da Disney, Ray Watson, chegaram a um impasse com relação à posição de presidente após a aquisição. Enquanto Watson queria que Ron Miller continuasse no comando, o chairman da MCA entendia que o cargo deveria ser preenchido por Sid Sheinberg. Ao entender que essa indefinição poderia fazer a negociação ir por água abaixo, o próprio Sheinberg sugeriu que Miller fosse o escolhido e assumisse a posição. Até um consultor de investimentos da MCA chegou a aconselhar Wasserman de que o melhor a fazer seria aceitar a condição e, depois de um ano, nomear Sheinberg como novo presidente. Nada disso foi suficiente para mudar a opinião de Wasserman e o negócio não se concretizou.

Não muito tempo depois das conversas que quase levaram à aquisição da Disney pela MCA, uma reviravolta liderada por Roy Edward tirou Ron Miller do comando na expectativa de evitar a venda da companhia construída pela família Disney. Assim, foi aberto o espaço necessário para a entrada de dois grandes executivos do mercado, competentes e dedicados ao desafio de recuperar, definitivamente, o caminho do sucesso. Muitos chegaram a comentar que a dupla formada por Michael Eisner e Frank Wells remetia ao tempo em que os irmãos Disney lideravam a empresa, sendo Eisner o gênio criativo como Walt, enquanto Wells era o gênio administrativo-financeiro como Roy. Depois de mais de uma década de incertezas e hesitações, o conglomerado Disney retomava uma rota de crescimento.

O anúncio de um novo parque feito por Eisner logo que ele assumiu a Disney deixou os executivos da Universal furiosos, levando-os a tomar a disputa entre as empresas como algo pessoal e a olhar para Orlando com ainda mais ambição. Como era de se esperar, Jay Stein era o mais incomodado. Além de ter que engolir o fato de presenciar anos de seu trabalho e muitas de suas ideias sendo utilizadas pela concorrência, Jay ainda continuava na busca pelo parceiro exigido por Lew Wasserman. As vantagens de Eisner eram demasiadamente grandes, pois ele não somente conhecia os planos do concorrente, como tinha uma área gigantesca para construir o que quisesse, uma vez que Walt Disney havia vislumbrado uma verdadeira cidade para seu projeto na Flórida, comprando o máximo de lotes que conseguiu através de nomes fictícios. Sua estratégia foi extremamente bem-sucedida e, por meio dela, alcançou uma área total que chegava a ser praticamente o dobro da ilha de Manhatan em Nova York.

Embora tudo parecesse conspirar contra a Universal, no meio do ano seguinte, em 1985, aconteceu algo bastante inusitado. Jay Stein foi surpreendido com uma ligação de um amigo com quem jogava tênis semanalmente. Jerry Weintraub era um ator e produtor renomado, tendo assinado produções como a série original *Karate Kid* e o filme *Férias Frustradas em Las Vegas*. Jerry entrou em contato para convidar Jay para uma reunião em sua casa com o intuito de lhe apresentar uma pessoa. Jerry disse que preferia não adiantar de quem se tratava por telefone, mas que seria uma conversa muito interessante e que certamente valeria a pena. Jay estava intrigado e curioso, mas o amigo insistia para que evitassem maiores detalhes através das ligações telefônicas.

"POR QUE TODO ESSE MISTÉRIO?"
JAY STEIN

Dias depois, ao ser recebido por Jerry em sua residência, Jay seria oficialmente apresentado a Frank Wells. O então presidente da Disney chegou alguns minutos depois, com certa pressa, mas começou falando de suas aventuras de escaladas e o sonho de alcançar os sete picos mais altos do mundo. Em seguida, ele entrou no tema da reunião quando passou a comentar sobre o andamento dos negócios nos parques em Orlando. Foi aí que Wells confidenciou alguns problemas de liderança pelos quais a empresa passava. Apesar de reforçar que o responsável pelos parques (Dick Nunes) era um colaborador exemplar, havia muitos anos na corporação, Wells demonstrou certa insatisfação com relação à sua falta de criatividade e de imaginação. Ele também respondeu a inúmeras perguntas que Jay trouxe à conversa conforme ela se desenrolava.

O papo era bastante amistoso, mas aconteceram duas coisas que pareciam não fazer parte do roteiro. A primeira foi quando Frank Wells sondou Jay Stein sobre a possibilidade de ele trabalhar na Disney, dizendo que lá ele teria independência e condições para construir o parque da maneira que quisesse. A segunda ocorreu quase que simultaneamente, quando um helicóptero começou a sobrevoar a casa de Jerry de maneira suspeita, mantendo-se exatamente acima de onde os três conversavam. Desconfiado, Wells questionou os outros dois. Parecia que alguém estava tentando espionar o que se passava ali. Jerry tentou tranquilizar o convidado dizendo que seu vizinho, Bruce Jenner[1], costumava fazer isso de vez em quando e que não era algo que Wells precisava se preocupar.

O assunto da possibilidade de Jay considerar a Disney para o futuro acabou ficando de lado porque Frank não conseguia se concentrar com a presença daquele helicóptero. Incomodado, ele agradeceu aos

---

1   Bruce Jenner foi um grande atleta, campeão olímpico em 1976 no decátlon; ganhou ainda mais fama na série *Keeping Up with the Kardashians*, lançada em 2007, seguido de sua transição de gênero em 2015, quando adotou o nome de Caitlyn Jenner.

dois e se despediu rapidamente, demonstrando certo nervosismo. Depois daquele dia, Jay Stein nunca mais foi procurado pela Disney e não comentou sobre o assunto com ninguém, nem mesmo com Lew Wasserman ou Sid Sheinberg.

Enquanto isso, o ambicioso Michael Eisner continuava buscando oportunidades e, além de ter anunciado o parque para concorrer com a Universal na Flórida, o novo CEO da Disney decidiu comprar uma briga com o concorrente, também na Califórnia, em 1987. A ideia era construir uma versão da Disney-MGM Studios na costa oeste. Com o apoio da iniciativa pública, um terreno estava sendo oferecido, por um valor extremamente abaixo do mercado e com exclusividade, para a Disney, levando a MCA a uma postura de grande oposição por não ter tido a possibilidade de também fazer uma proposta pela propriedade. Pouco tempo depois, Eisner optou por sair do negócio e muitas pessoas da indústria do entretenimento afirmaram que ele apenas tentou criar uma distração por causa de tudo que estava acontecendo em Orlando, algo com que os executivos da Universal concordaram. E, assim, o tempo continuava correndo.

Cada vez mais, Jay Stein queria construir um local que superasse aquele que a Disney faria; e, já com o parceiro para o projeto, as obras andavam a passos largos. Enquanto a Disney sempre se preocupou com os detalhes da história que queria contar, incluindo o piso e as fachadas dos prédios, a Universal se aproveitou do fato de ser um estúdio e deixar os prédios exatamente como eram (prontos para filmagens e produções), pois era dessa forma que ela se mantinha diferente e, ao mesmo tempo, original, seguindo a mesma identidade de sucesso utilizada na Califórnia.

Michael Eisner, por sua vez, mantinha um discurso de que o novo parque deveria ser diferente daqueles que estavam em funcionamento (Magic Kingdom e Epcot), tanto em tamanho e acabamento quanto no valor do ingresso. A estratégia da Disney era abrir primeiro enquanto que a Universal buscava dar continuidade ao trabalho de anos que encantava os visitantes dos estúdios de Hollywood. Eisner tinha a expectativa de que, largando na frente, a Universal poderia até desistir da Flórida. O tempo mostraria que isso estava muito longe da realidade.

Quando Michael Eisner assumiu a Disney, não havia nenhum concorrente que causasse incômodo e, dessa maneira, a empresa sempre teve condições de caminhar na velocidade que desejasse e da forma que achasse mais apropriada. Com a chegada da Universal a Orlando e o jeito como tudo aconteceu, as coisas mudariam. E mudariam rapidamente. Ao contrário do que imaginava, Eisner acabou criando um problema junto com o lançamento do parque temático em tributo aos estúdios de Hollywood. Ele estimulou o surgimento de um concorrente sem precedentes na história da Disney. Um desafio que a companhia nunca tinha enfrentado.

Jay Stein continuava focado em superar a concorrência. O próprio Lew Wasserman, que costumava olhar para os negócios de maneira mais racional, acabou abraçando com mais entusiasmo o projeto, assim como Sid Sheinberg. Com isso, apesar do objetivo principal estar na abertura dos estúdios em Orlando, Jay também já olhava para o futuro e, por conta própria, trabalhava em projetos de expansão que incluíam hotéis, área de entretenimento e opções gastronômicas, tanto na Flórida quanto na Califórnia. Se na costa leste dos Estados Unidos a Universal largava atrás, Jay sabia que na costa oeste eles ainda tinham grande vantagem, especialmente pela localização estratégica dos estúdios no coração de Hollywood.

Em 1955, a Disneyland havia sido fundada em Anaheim, a aproximadamente uma hora de distância dos principais pontos de Los

Angeles num trajeto de carro. Naquela época, esse ainda era o único parque da Disney na Califórnia. Portanto, o tema de Hollywood e os estúdios funcionando a todo vapor eram diferenciais competitivos, extremamente favoráveis à Universal, que não apenas tinha clara noção disso, como também queria tirar o melhor proveito da situação.

A Universal iniciou suas atividades um ano após a abertura da Disney-MGM Studios. Sabendo da experiência operacional e de toda a tradição que seu concorrente havia construído, desde o início, ela entendia a necessidade de se diferenciar. Se a Universal, através do comando da MCA, vislumbrou uma jornada totalmente distinta daquela que Walt Disney tinha projetado, Michael Eisner havia feito com que esses caminhos se aproximassem e ficassem muito similares em suas concepções.

"NÓS TENTAMOS FAZER AQUILO QUE NINGUÉM JAMAIS FEZ."
PHIL HETTEMA
(VICE-PRESIDENTE SÊNIOR DA UNIVERSAL CREATIVE)

Apesar das iniciativas turbulentas em relação à Universal, Michael Eisner foi certamente a melhor escolha para aquele momento que a Disney enfrentava. Frank Wells também teve uma importância incomensurável, afinal, ele era o contraponto perfeito. Juntos, eles passaram a primeira década recuperando muito daquilo que os irmãos Disney tinham construído e, também, desenvolvendo uma diversidade de outros negócios. Com a morte de Wells, Eisner acabou liderando a companhia sozinho por mais uma década. Ele deixaria o cargo apenas em 2005 para Bob Iger, que ficaria quinze anos à frente da empresa. Iger fez um excelente trabalho e ajudou o conglomerado Disney a crescer ainda mais, inclusive com grandes aquisições. Em 2020, ele deixou a posição e Bob Chapek assumiu o comando da companhia.

Diferentemente da Disney, que nasceu com uma direção definida e uma identidade forte, a Universal teve altos e baixos ao passar por tantas trocas de comando. Sua grande ascendência aconteceu com a chegada da MCA no início dos anos 1960, depois de duas décadas extremamente conturbadas. Enquanto Walt e seu irmão Roy conseguiram fazer da Disney a principal empresa de entretenimento do mundo, Lew Wasserman e Sid Sheinberg transformaram a Universal em um gigante da indústria com destaques expressivos e em áreas muito variadas, inclusive em parques temáticos com a liderança e a persistência de Jay Stein.

A Disney sempre ofereceu fantasia e felicidade para seus convidados através de um mundo de faz de conta. A Universal, por sua vez, queria surpreender seu público, criando as experiências mais reais possíveis. Uma comparação pode ilustrar de maneira clara o DNA de cada uma das empresas: para retratar fogo em suas atrações, a Disney se utilizava de papel celofane, luzes e vento, ao passo que a Universal fazia questão de utilizar labaredas de verdade. Os pequenos detalhes sempre importaram em ambas as culturas. Porém, a Disney conseguiu preservar uma única linha de trabalho durante toda sua história, com seus executivos adaptando-se a ela. Já a Universal acabou se perdendo em meio a tantas lideranças de origens diferentes.

A concorrência com pitadas de rivalidade que surgiu entre Disney e Universal nos anos 1980, a partir dos parques que ambas projetaram na Flórida, perderia aquele viés pessoal com o passar do tempo. Após mais de trinta anos, a contar da abertura da Universal Studios

Florida em 1990, ambas as empresas cresceram seus complexos e, juntas, foram as principais responsáveis por tornar Orlando o destino mais visitado do mundo. Se a Disney seguiu firme e forte em sua trajetória com Eisner e Iger, a Universal teve que encarar uma verdadeira montanha-russa no comando da empresa nas décadas seguintes.

Desafiar a liderança de uma empresa como a Disney em um mercado que ela praticamente criou, certamente não era um desejo dos executivos da Universal na década de 1980. Entretanto, apesar das inúmeras dificuldades encontradas pelo caminho e as diferentes influências culturais, a companhia desenvolveu uma capacidade ímpar de se reinventar, de não desistir e de buscar soluções cada vez mais inovadoras. Atualmente, a Universal tem uma identidade bastante definida e uma cultura empresarial muito forte, mas não foi sempre assim.

VII – CRISE DE IDENTIDADE

A história da Universal ainda teria muitas turbulências, trocando de mãos por diversas vezes e passando por lideranças de diferentes países com culturas totalmente distintas. Essa confusão empresarial e cultural afetaria de forma estrondosa a companhia que, por esses motivos, acabaria perdendo sua identidade. Após anos de bonança sob o comando da MCA, o pesadelo das décadas de 1940 e 1950 voltaria a incomodar a empresa. Não bastava ser uma aventura. Tinha que ser repleta de emoções, sustos e reviravoltas. Enfrentando muitos desafios e uma série de dificuldades internas, a concorrência, aos poucos, deixaria de ser o foco principal. Os valores, as prioridades e os objetivos não estavam claros, enfraquecendo o engajamento dos colaboradores para um futuro bastante incerto.

CINEPLEX ODEON (1986-1989)

O ano de 1986 foi muito especial na história da Universal, principalmente para Jay Stein, por ter finalmente encontrado o parceiro para o projeto de Orlando. Quando Garth Drabinsky, fundador da Cineplex Odeon Corporation, concordou em investir no parque que seria construído, a Universal imaginou que os problemas estavam resolvidos e que, a partir daquele momento, seria apenas uma corrida contra o tempo e, obviamente, contra a Disney.

Drabinsky nasceu em Toronto, Canadá e, em 1979, iniciou a empresa que se tornaria a maior rede de cinemas da América do Norte. Ele também produziu espetáculos na Broadway e tinha bons contatos na indústria do entretenimento. Quando soube dos planos da Universal, ficou extremamente animado e logo se ofereceu para se integrar ao projeto. O problema foi não ter ficado claro desde o início que Drabinsky tentaria tirar proveito de todos os benefícios da parceria, mas buscando evitar ao máximo os riscos que ela implicava. Ele ainda chegou a fazer algumas promessas como, por exemplo, a aquisição de direitos de filmes como *Ghostbusters*, com baixo ou nenhum custo. Infelizmente, o tempo mostraria um tipo de parceiro que, além de se intrometer na relação de Jay Stein com Sid Sheinberg e Lew Wasserman, também agia muitas vezes por caprichos pessoais ou na tentativa de frear algumas iniciativas em busca de minimizar os investimentos. A grande verdade é que Drabinsky viu o potencial daquele parque e se jogou de cabeça, mas sem ter os recursos necessários para aguentar os custos de desenvolvimento que, como a maioria das obras, acabaram sendo bem mais altos do que aqueles previstos inicialmente.

Em maio de 1988, Garth Drabinsky tentou se aproveitar de forma desesperada de todo o investimento realizado por sua empresa. Após um ano de resultados muito ruins, ele dividiu os planos dos estúdios da Universal na Flórida com os acionistas da Cineplex Odeon. Na esperança de que aquilo pudesse acalmá-los, ele agiu sem pedir autorização aos executivos da MCA. Valores e outras informações confidenciais foram abertos, incluindo algumas imagens. Logo que soube, Jay Stein ficou furioso, pois entendia que aquele evento traria ainda mais dificuldades na disputa com a Disney.

> "A DIVULGAÇÃO MOSTROU TOTAL FALTA DE ENTENDIMENTO E APRECIAÇÃO PELO SIGNIFICADO DE UMA JOINT VENTURE. ISSO AJUDOU A DISNEY E NOS PREJUDICOU."
> JAY STEIN

No início de 1989, a empresa de Drabinsky estava com tantas dívidas que a Cineplex Odeon não aguentou. A única saída foi vender, em março daquele ano, sua participação para a Rank Organisation, um conglomerado britânico com excelentes relações na Europa e que poderia, inclusive, ser mais interessante para o projeto no futuro quando chegasse a hora de expandir a operação. Fundada em 1935 por Joseph Arthur Rank, a empresa unificou a distribuição e a exibição de filmes na época. Coincidência ou não, em 1936, eles haviam se tornado um braço de distribuição da Universal na Inglaterra. Com a entrada da Rank, a parceria seria muito mais eficiente, pois eles atuavam basicamente como investidores.

MATSUSHITA (1991-1995)

Com o parque em Orlando aberto e tantos outros projetos andando simultaneamente, Lew Wasserman entendeu que valeria a pena considerar a venda da MCA. A ideia era manter o controle da empresa e Sid Sheinberg como presidente, de forma que precisavam conseguir um investidor que não interferisse muito na gestão. Assim, eles poderiam seguir com todas as iniciativas que estavam em andamento, incluindo os estúdios de Hollywood e de Orlando, além de continuarem fortes para não deixar nenhuma nova oportunidade passar. Parecia algo muito promissor, mas um tanto improvável.

> "AS EMPRESAS VÃO SE FUNDIR, SE TORNAR MAIS FORTES, PARTICULARMENTE NA INTEGRAÇÃO VERTICAL. EU ACREDITO QUE SEJA INEVITÁVEL."
> LEW WASSERMAN

Michael Ovitz foi um dos primeiros guias do Studio Tour nos trenzinhos que levavam os visitantes para conhecer os bastidores da Universal em Hollywood. Ainda cursando faculdade, ele trabalhava meio período. Em 1975, Ovitz se juntaria a Ron Meyer para fundar a Creative Artists Agency (CAA), na qual agenciou inúmeros artistas de cinema e trabalhou com diretores consagrados, como Steven Spielberg. Através da CAA, também passou a intermediar várias negociações, inclusive quando a Sony adquiriu a Columbia Pictures no ano de 1989.

Ovitz tinha trabalhado na Universal na época em que Lew Wasserman ainda era presidente; em 1990, ele já não era mais um adolescente em início de carreira, mas, sim, um executivo respeitado e cheio de destaque na indústria. Aproveitando sua excelente relação com empresas japonesas, ele foi responsável pela aproximação da MCA primeiramente com a Sony e, logo em seguida, com uma de suas maiores concorrentes, a Matsushita Electric Industrial Company, que possuía diversas outras marcas, incluindo a Panasonic.

Jay Stein achava aquilo tudo muito arriscado e não queria que o negócio se concretizasse. De toda forma, em 1991, o acordo seria fechado e a Matsushita assumiria oficialmente o controle da Universal ao adquirir a MCA. Apesar dos novos donos, a gestão se manteria conforme Lew Wasserman desejava, pois ele e Sheinberg continuariam à frente da corporação. Porém, não demorou a surgirem algumas contrariedades. A companhia japonesa não considerava a expansão um investimento oportuno. Wasserman e Sheinberg confiavam na competência de Jay e acreditavam que aqueles planos eram fundamentais para o futuro da empresa. Eles tinham plena convicção de que era a única maneira de continuar se fortalecendo, aumentando sua relevância e sua credibilidade no mercado de parques temáticos. Apesar da falta de alinhamento, em 1993 foi anunciada uma enorme expansão que contemplava um novo parque, hotéis e um centro de entretenimento.

O primeiro grande choque que trouxe à tona a abissal diferença entre as duas gestões foi quando a Matsushita se recusou a comprar a Virgin Records. Os executivos da MCA já tinham avançado com toda a negociação que, certamente, faria muito sentido para o futuro da área musical da empresa, mas os japoneses não cederam. Conforme o tempo foi passando, ficava cada vez mais evidente que as culturas das duas empresas eram muito distintas. Inevitavelmente, a relação entre elas começou a enfraquecer.

Outro fato que incomodou a Matsushita foi não ter tido um destaque na mídia americana após a aquisição, diferentemente de quando a Sony adquiriu a Columbia Pictures dois anos antes. O que aconteceu foi que, além de possuir uma direção mais amistosa e simpática que a de seu concorrente, a Sony também soube como se comportar com os americanos em entrevistas e coletivas de imprensa. Outro fator importante era a diferença de percepção dos nomes de ambas as empresas. Desde a Segunda Guerra Mundial, quando o Japão realizou um ataque-surpresa contra a base americana em Pearl Harbor no Havaí, um ranço havia se estabelecido entre os dois países. Enquanto Sony remetia a algo internacional, relativamente neutro, Matsushita reforçava a origem japonesa.

Para piorar, a equipe de Orlando estava cansada com as cobranças insistentes de Jay Stein, pois muitas atrações continuavam tendo problemas recorrentes, que sempre rendiam reclamações do público. Com a relação bastante desgastada, Jay foi se afastando da operação enquanto que Ron Bension, o homem que cuidava dos estúdios em Hollywood, passou a intermediar a liderança no intuito de acalmar os ânimos e reacender a chama que se apagava.

Ainda em 1993, ocorreu um dos grandes pontos de ruptura da história da Universal. Desde o início, Jay Stein não confiava na relação entre a MCA e a Matsushita, alegando que os japoneses negociavam de maneira muito distinta da dos americanos e que aquilo tendia a acabar mal. Já bastante desgastado, ele saiu oficialmente do comando após 26 anos de empresa para cuidar de sua saúde física e mental, tornando-se um consultor independente. Quando Ron Bension assumiu sua função, não demorou para definir prioridades no intuito de recuperar o encanto institucional. A semente plantada por Jay tinha tudo para dar frutos extraordinários, mas a identidade da companhia já não era tão clara, assim como seu futuro.

Passaram-se ainda mais dois anos até chegar o momento que parecia inevitável, o de encontrar outro parceiro. Infelizmente, as cartas já não estavam nas mãos dos executivos da MCA, e a única solução encontrada pela empresa japonesa não seria nem um pouco excitante para Lew Wasserman e Sid Sheinberg.

SEAGRAM (1995-2000)

Edgar Bronfman Jr. tinha se tornado em 1994 o CEO da Seagram, empresa canadense construída por seu avô que, na época, era uma das maiores destilarias de bebidas alcoólicas do mundo, utilizando a marca Seagram's em seus produtos. Bronfman sempre teve muita vontade de se tornar um grande empresário na indústria do entretenimento e até chegou a produzir o filme *Fronteira da Violência* (*The Border*), com o ator Jack Nicholson no elenco, em 1982, distribuído pela Universal Pictures. Então, quando o agente Michael Ovitz, com quem tinha amizade, aventou-lhe a possibilidade de ele assumir o controle da MCA através de uma negociação com a Matsushita, ele logo se interessou. Bronfman ficou tão animado que deu um passo arriscado, vendendo a participação que a Seagram tinha na DuPont e que representava quase 70% das receitas da empresa. Apesar de muito criticado, ele seguiu adiante levantando aproximadamente 9 bilhões de dólares com a recompra das ações pela DuPont e concretizou o negócio com os japoneses.

Logo que a Seagram assumiu a Universal, tudo mudou. Diferentemente da Matshusita, Bronfman não apenas queria estar no comando como também tinha grande interesse pelos parques. Lew Wasserman e Sid Sheinberg se sentiram traídos por Ovitz, que intermediou as negociações deixando-os de fora. Assim, eles acabaram se aposentando. A era da MCA terminaria de forma apática; no final de 1996, Bronfman tomaria a decisão de alterar o nome da empresa, transformando-a, oficialmente, em Universal Studios Inc. Nessa mesma época, Ron Bension também deixaria a Universal. Aos poucos, todos os antigos executivos estavam saindo. Jay Stein ficou ainda mais decepcionado com o andamento da empresa ao saber do desligamento de seu sucessor. A Seagram parecia ainda pior para o futuro da companhia do que a Matsushita, caracterizando-se pela arrogância e pela incompetência administrativa.

Outra alteração de nomenclatura ocorreu com a área MCA Planning and Development, responsável por desenvolver os projetos e as atrações na Universal, que Bension comandou após a saída de Jay. A substituição se deu em 1997, logo depois do desligamento de Bension. Com o intuito de priorizar a criatividade, uma das maiores qualidades desses profissionais (assim como retirar qualquer vínculo com o passado escrito pela MCA), o novo nome que passou a ser utilizado perdura até os dias de hoje: Universal Creative.

A concorrência com a Disney voltaria à tona, sendo um dos pontos que mais chamavam a atenção de Bronfman que, com sua enorme ambição, decidiu pelo caminho dos grandes investimentos. Em 1998, ele fez a aquisição da Polygram para fortalecer a divisão musical da companhia, mas, apesar disso, o foco continuava principalmente nos parques. Por esta razão, no mesmo ano, também arrematou a rede Wet 'n Wild, além de uma área em Orlando visando a expansão do complexo. Sua ideia era concorrer de maneira ainda mais acirrada com a Disney na Flórida, inclusive nos parques aquáticos. Dessa forma, a Seagram vendeu quase que de imediato todas as outras localidades do Wet 'n Wild pelo mundo, mantendo somente a unidade de Orlando.

Apesar de sua disposição e ousadia, Bronfman era um executivo que deixava a desejar. Sua forma de liderança não seguia a tradição iniciada por Carl Laemmle e nem aquela que a MCA havia cultivado desde o princípio quando Jules Stein fundou a empresa. O fato de ser arrojado ajudava em parte, mas a falta de visão e de planejamento a longo a prazo era o maior problema. Apesar de ser uma pessoa bastante agradável, sua liderança era ineficaz e, infelizmente, demonstrada de maneira desrespeitosa, por exemplo, quando alterava decisões sem avisar. E isso se alastrava pelo ambiente.

> **"[BRONFMAN] DESTRUIU NOSSA COMPANHIA. A COISA MAIS IMPORTANTE QUE ELE DESTRUIU FOI A BASE DOS TRABALHADORES, O SENSO DE HISTÓRIA E DE CONTINUIDADE."**
> **SID SHEINBERG**

De toda forma, a expansão projetada para o complexo de Orlando, ainda sob o comando da Matsushita, só ganhou força com a Seagram. No início de 1997, a empresa anunciou seus planos com investimentos estimados no valor de 2 bilhões de dólares. Dois anos mais tarde, em 1999, a Universal abriu as portas de um novo parque, o Islands of Adventure, e também de um complexo de entretenimento, o CityWalk. Além disso, ainda foi inaugurado o primeiro hotel do complexo, o Portofino Bay, idealizado por Steven Spielberg, que, apesar das trocas de comando, nunca deixou de ser consultor criativo da empresa.

Com tudo aquilo acontecendo ao mesmo tempo e com uma administração que fazia questão de reforçar que dinheiro não era o mais importante, contrariando as convicções de Carl Laemmle e Jules Stein, a Seagram fez muitos gastos desnecessários e se viu na necessidade de procurar um parceiro estratégico. Enquanto isso, propriedades que a empresa possuía foram postas à venda para ajudar nas finanças, incluindo apartamentos em Nova York e Londres que haviam sido usados até mesmo por Lew Wasserman e Jules Stein, além de vários artistas e clientes. Pouco a pouco, o que restava da história da MCA estava sendo apagado.

> **"O QUE MAIS ME MACHUCA É QUE NÃO EXISTE MCA. A CULTURA INICIADA POR JULES STEIN, CONSTRUÍDA POR LEW WASSERMAN E NA QUAL TRABALHEI, FOI SUBSTITUÍDA POR ALGO QUE DESCONHEÇO."**
> **SID SHEINBERG**

Um ano após a abertura do Islands of Adventure, Bronfman começou a sentir o reflexo de muitas ações que havia tomado, principalmente pelos profissionais que tinha trazido e que não corresponderam às expectativas. Depois de perder muito do dinheiro de sua família, ele enxergou uma enorme oportunidade com uma empresa centenária da França e, mais uma vez sob muitas críticas, seguiu adiante com uma negociação de troca de ações fazendo o controle da Universal mudar novamente de mãos.

VIVENDI (2000-2004)

Após um decreto imperial de Napoleão III, sobrinho do famoso Napoleão Bonaparte, foi criada, em 1853, a Compagnie Générale des Eaux (CGE) na França para fornecer água para outras localidades próximas de Paris. Apesar de muitas aquisições e diversificações, foi apenas a partir de 1998 que a companhia passou a se chamar Vivendi, dois anos antes de assumir a Universal.

Com a negociação, houve mais uma troca de nome e a empresa passou a se chamar Vivendi Universal, transformando-se no segundo maior grupo de mídia do mundo. Bronfman se tornou vice-chairman da nova empresa e disse que enxergou muito potencial na soma dos ativos da Universal com as operações de internet da Vivendi, pois a companhia francesa que nascera com foco em água e esgoto tinha se tornado um conglomerado de serviços e de comunicações, inclusive com atuação em telefonia celular, produções cinematográficas e canais de televisão.

Se a Seagram investiu freneticamente nos parques, a Vivendi tinha uma política bastante diferente, austera, sempre em busca de fazer mais com menos. Mas a situação ficou especialmente difícil quando a empresa obteve prejuízos superiores a 10 bilhões de dólares em 2001 e cerca do dobro no ano seguinte. Naquele mesmo ano, o ataque terrorista ao Pentágono em Washington, D.C., capital dos Estados Unidos, e ao World Trade Center em Nova York abalou o mundo. A economia sofreu fortes impactos, mas muitos daqueles que já estavam na empresa havia algum tempo sabiam que os maus resultados não eram decorrentes apenas daquela tragédia, mas também da má gestão deles próprios.

De qualquer forma, a partir dali, a estratégia foi buscar maneiras de conseguir novas receitas; ademais, muitas das empresas que o grupo detinha acabaram sendo negociadas. A Vivendi também vendeu duas áreas em Orlando – uma das quais com extensão que representava mais da metade de toda a propriedade que a Universal tinha na época. Esse fato se mostraria extremamente ruim para o futuro do complexo na Flórida, que voltaria a crescer e necessitaria da maior quantidade de terra possível, pois a Universal não havia se preparado como a Disney, que havia adquirido uma área total de aproximadamente 25 mil acres, quando ainda era liderada por Walt.

A equipe de colaboradores da Universal Creative foi reduzida drasticamente e o desenvolvimento da maioria das novas atrações, suspenso no ano de 2004. O corte de custos continuava sendo o foco, pois a dívida da Vivendi Universal girava em torno de 1 bilhão de dólares. Como os parques também estavam com os resultados negativos, a saída foi vender 80% da empresa para a General Electric, mundialmente conhecida apenas por GE.

GENERAL ELECTRIC (2004-2011)

Quando a GE assumiu a Universal, muitas coincidências históricas e outras curiosidades marcaram a nova fase da empresa. A General Electric tinha sido originada no ano de 1892 através de uma fusão entre duas companhias, uma delas fundada por Thomas Edison em 1878 (Edison Electric Light Company).

Outra coisa que pouca gente sabe é que a Radio Corporation of America (RCA) fora fundada em 1919 e seu nome havia servido de inspiração para Jules Stein quando ele iniciou a MCA (Music Corporation of America) cinco anos mais tarde. A RCA foi criada pela GE com a intenção de ser um braço focado em vendas através do rádio, para auxiliar no crescimento internacional da empresa. Logo depois, em 1926, a RCA seria cofundadora da primeira rede de rádio nos Estados Unidos, a National Broadcasting Company, que ficaria conhecida como NBC.

Em 2004, a Universal voltaria a ser comandada por uma empresa americana quando a GE assumiu. Entre outras coisas, ela sofreria mais uma alteração de nome, passando a se chamar NBC Universal.

A nova companhia almejava a unificação da distribuição de conteúdos de cinema e televisão, além de atuar em outras frentes de negócios. Uma delas era a gestão dos parques temáticos, embora a GE sempre tenha tido um perfil mais conservador, evitando operações com custos altos e lucros moderados. Tom Williams, CEO da Universal Parks & Resorts, teria muita dificuldade em convencer a GE a investir nesse mercado.

Apesar de Williams tentar passar para o público a ideia de que os parques teriam o apoio da GE para continuar crescendo, já que as operações desse nicho na época existiam inclusive fora dos Estados Unidos, a mídia reforçava que as poucas atrações inauguradas eram resquícios das empresas que a antecederam. Além disso, levando em consideração os resultados negativos dos anos anteriores, a estratégia de corte de custos iniciada pela Vivendi seria mantida e a participação que a Universal possuía em um parque na Espanha, vendida. Realmente, o cenário não demonstrava um futuro muito promissor e as inúmeras incertezas dificultavam qualquer iniciativa.

Considerando que a principal regra da indústria do entretenimento talvez seja reinvestir continuamente, a GE estava indo na direção oposta e, infelizmente, os números começaram a piorar ainda mais. Pode ser que isso tenha ajudado, mas o que importa é que surgiu uma luz no fim do túnel. Liderados por Tom Williams, os parques da Universal receberam certa atenção dos executivos da GE, uma vez que essa parecia ser a única alternativa viável para tentar retornar ao caminho de sucesso, evitando prejuízos ainda maiores. Planos de expansão internacionais estavam em negociação, porém tudo mudaria por completo em pouco tempo, como que por magia.

Em 2003, antes de a GE assumir, a Universal entrara em uma disputa com a Disney pelos direitos de Harry Potter, personagem criado pela autora britânica J. K. Rowling. Entretanto, a Warner Bros. acabou saindo vitoriosa para produzir os filmes baseados na série de livros. Ainda assim, Disney e Universal queriam a autorização para usar o pequeno mago em seus parques. Rowling chegou a assinar uma carta de intenção com a Disney, que desistiu alguns anos depois, alegando que a interferência da autora era muito grande na criação das atrações e as condições impostas pela Warner Bros., pouco interessantes. Foi aí que a Universal fez sua grande jogada, em 2007, assumindo o risco da empreitada e obtendo os direitos para criar algo inusitado, The Wizarding World of Harry Potter. Foi construída toda uma área dedicada ao tema, inaugurada em 2010 no Islands of Adventure em Orlando. O impacto foi fora dos padrões, aumentando a frequência de público em torno de 30% no ano seguinte e gerando receitas astronômicas com a venda de produtos.

Essa foi, sem dúvida, a maior contribuição que a GE fez na história dos parques da Universal. Entretanto, antes mesmo da inauguração de Harry Potter, a GE já havia iniciado uma negociação com a Comcast. O acordo que as empresas buscavam era muito elaborado e um tanto complexo. Primeiro, a GE teve que comprar os 20% que a Vivendi ainda possuía da NBC Universal para, em seguida, a Comcast assumir a empresa através da aquisição de 51% das ações totais. Por causa disso, passaram-se quase dois anos, com o negócio concretizando-se em 2011. Essa foi mais uma grande conquista na história da Comcast, afinal, a companhia havia construído um verdadeiro império através de negociações desse tipo desde sua fundação; portanto, era apenas uma questão de tempo.

A Universal mudava de liderança mais uma vez. Era a quinta empresa em pouco mais de quinze anos. Culturas totalmente distintas haviam passado pela companhia nesse período, transformando-a numa verdadeira Babel, afinal, japoneses, canadenses e franceses tinham comandado essa empresa americana fundada por um imigrante alemão. Muitos desconfiaram que a Comcast seria somente mais uma breve proprietária na história da NBC Universal, mas eles provavelmente não se lembravam de algo fundamental.

VIII — UM NOVO CAMINHO

No ano de 2004, as coisas na Disney não iam muito bem. Duas décadas depois de ter sido um dos responsáveis por indicar Michael Eisner como CEO da empresa, Roy Edward Disney, filho de Roy Oliver e sobrinho de Walt, estava bastante descontente com a conduta e a direção por meio das quais caminhava o grupo criado por sua família. Dessa forma, ele iniciou um movimento contra Eisner e também deixou a companhia. Foi nessa época que Brian Roberts, CEO da Comcast, participou de algumas reuniões e ofereceu uma proposta de fusão entre as duas empresas.

> **"NÃO HÁ DÚVIDAS DE QUE ESSAS DUAS COMPANHIAS PODEM ALCANÇAR, JUNTAS, COISAS QUE NENHUMA DELAS CONSEGUIRÁ SOZINHA."**
> **BRIAN ROBERTS**

Steve Burke conhecia muito bem o outro lado e sabia que subestimar Michael Eisner seria um erro grave, afinal, sua decisão de sair da Disney tinha sido motivada pelas atitudes de seu antigo colega. Com toda sua experiência, Burke entendia que a rede ABC precisava de ajustes e acreditava conhecer o caminho mais apropriado para fazê-los, pois havia comandado a empresa anos antes. Outra área a ser priorizada, em sua opinião, era a de desenhos animados, em que enxergava bastante potencial para crescimento.

Caso o negócio tivesse sido concretizado, a Comcast e a Disney, juntas, teriam se tornado a maior empresa de comunicação e entretenimento do mundo. Steve Burke quase voltou a comandar uma rede nacional de televisão (ABC) e um conjunto de parques temáticos (Disney), exatamente onde havia construído sua carreira. Provavelmente, após esse episódio, Burke já não imaginava mais um retorno a nenhuma dessas indústrias, porém o futuro é sempre repleto de surpresas.

A Comcast fora fundada em 1963 por Ralph Roberts juntamente com outros dois sócios, Daniel Aaron e Julian Brodsky, mas apenas recebeu esse nome em 1969, quando sua sede foi oficializada na Filadélfia, no estado da Pensilvânia. A empresa foi criada através da aquisição da American Cable Systems, nome que usaram durante aqueles seis primeiros anos, cuja atuação era bastante restrita à cidade de Tupelo em Mississipi. Sob o comando de Ralph, a Comcast se transformaria na maior empresa de televisão a cabo dos Estados Unidos a partir da aquisição e do desenvolvimento de pequenas operações em regiões menos urbanas. A maneira encontrada pela companhia para concluir essas negociações, envolvendo troca de ações, aportes financeiros e outras manobras legais, foi fundamental para alcançar sucesso tão grande.

Duas décadas antes, Ralph Roberts havia se casado e, ao fundar a empresa, já tinha cinco filhos. Um deles, Brian, se interessaria tanto pelo negócio que viria a se tornar o sucessor natural do pai em 1990. Com apenas 31 anos de idade na época, ele assumiu a Comcast no mesmo ano em que a Universal Studios foi inaugurada na Flórida. O mais interessante disso tudo, porém, é que Ralph abriu o caminho para Brian ainda em vida e cheio de saúde (ele viria a falecer somente em 2015, aos 95 anos de idade).

Diferentemente da ocasião em que Carl Laemmle Junior assumiu a Universal, o sucessor era um grande gestor. Quando Brian se tornou presidente, a companhia possuía um faturamento inferior a 700 milhões de dólares; mas, sob sua gestão, a Comcast cresceu de tal forma que, quase três décadas depois, suas receitas já superavam o montante de 90 bilhões de dólares.

Em 2001, a Comcast já era a maior companhia de TV a cabo do planeta após adquirir a AT&T Broadband, empresa que pertencia ao grupo de seu maior concorrente, mantendo a tradição histórica de crescer através de aquisições extremamente elaboradas. Porém, dez anos depois, foi feita mais uma aquisição que não só trouxe outros canais para a Comcast, como também marcou um recomeço para os parques da Universal, pois fez empresa voltar a ter uma identidade bem definida. Apesar do tamanho e dos valores astronômicos, o novo proprietário da NBC Universal mantém até os dias de hoje uma cultura familiar, forjada desde o início da companhia na cidade de Tupelo.

Enquanto alguns analistas acreditavam que a Comcast não daria muita atenção aos parques temáticos, assim como havia sido durante a liderança da Vivendi e da própria GE, Brian Roberts pensava diferente. Isso porque, dentro de sua empresa, ele tinha o profissional mais preparado para assumir a divisão que controlava os parques. Alguém que, por muito tempo, se preparou e esperou por uma oportunidade que nunca havia surgido até então. Graças ao temperamento de Michael Eisner, Brian tinha Steve Burke.

"VAMOS DUPLICAR OS INVESTIMENTOS EM PARQUES TEMÁTICOS."
BRIAN ROBERTS

No comando da NBC Universal, Burke passou a olhar de uma maneira panorâmica para áreas onde havia se destacado na Disney. Talvez ele nunca tivesse imaginado liderar o futuro de parques temáticos de outra corporação ou de uma rede diferente da ABC, mas o fato é que ele estava pronto para desbravar o caminho que transformaria a Universal numa verdadeira potência. Quando a Comcast contratou Burke, nem ela sabia o que estaria por vir, mas dizem que a sorte favorece aqueles que se preparam. Vale ressaltar, também, a disposição em correr certos riscos e a capacidade de persistir no percurso, enfrentando os obstáculos que surgem.

> **"VOCÊ NÃO TEM A CHANCE DE COMPRAR UMA EMPRESA COMO A NBC UNIVERSAL, A NÃO SER QUE ELA NÃO ESTEJA INDO BEM."**
> STEVE BURKE

Após mais de quinze anos de dúvidas, falta de posicionamento e uma crise de identidade que destruiu o ambiente e a cultura empresarial criados pela MCA, surgia uma luz no fim do túnel. Com a Comcast, a disposição em questionar, aprender e criar seria recuperada, pois sua liderança traria novamente as condições adequadas para explorar e enfrentar mudanças bastante necessárias, levando os parques da Universal a uma rota de crescimento.

Um grande aliado de Burke nessa empreitada foi Tom Williams, um colaborador que tinha passado por todas as empresas que participaram da trajetória da Universal desde a MCA, acumulando mais de quatro décadas na companhia e ocupando a posição de CEO da Universal Parks & Resorts.

Com a nova gestão, muito do que Jay Stein havia imaginado décadas antes voltaria à tona, inclusive investimentos contínuos no desenvolvimento dos parques e em novas atrações. Afinal, Steve

Burke também compartilhava com Jay da ideia de que aquilo que funciona hoje não necessariamente continuará funcionando amanhã. Portanto, para ser bem-sucedido nesse ramo de parques, não se pode parar de criar, reinvestir, reinventar e recriar. É isso que a Universal vem fazendo desde então. Se a identidade da empresa havia se perdido após a saída da MCA, a Comcast certamente a reencontrou e ainda a tornou melhor.

A transição não foi simples, afinal, reconstruir a confiança de milhares de empregados não é uma tarefa fácil, nem de curto prazo. Aos poucos, as coisas foram sendo ajustadas e os investimentos comprovavam que a Comcast não pensava na Universal como um projeto de curto prazo. O trabalho era árduo, insistente e desafiador, mas não era do zero, pois já existiam dois parques temáticos e um aquático, além do CityWalk e de três hotéis. Aproveitando, principalmente, o sucesso fenomenal da área recém-inaugurada de Harry Potter, Steve Burke soube resgatar muitos dos planos e sonhos que haviam ficado pelo caminho na trajetória da companhia, transformando o complexo Universal Orlando Resort num verdadeiro destino de entretenimento para toda a família.

> "EU REALMENTE SINTO QUE, NAS PRÓXIMAS DÉCADAS, AS FAMÍLIAS AINDA IRÃO QUERER A EXPERIÊNCIA DE SE DIVERTIR JUNTAS EM ALGUM DE NOSSOS PARQUES."
> STEVE BURKE

Quando o Wet 'n Wild foi comprado pela Universal, ele era o parque aquático mais concorrido de Orlando. Entretanto, com a chegada da Comcast, ficou claro que faltava uma ligação com a identidade da empresa. Por isso, Mark Woodbury, presidente da Universal Creative, enviou uma equipe para explorar alguns parques aquáticos espalhados pelo mundo. Sua ideia era criar um novo conceito de forma a surpreender os visitantes. O Wet 'n Wild encerrou suas operações em 2016 e, no dia 25 de maio do ano seguinte, o Volcano Bay foi inaugurado. Repleto de inovações e tecnologia, o novo parque não aproveitou nada do anterior, nem mesmo sua localização.

Enquanto isso, Steve Burke olhava para o todo. Ele entendia a importância de manter os visitantes em sua propriedade o máximo de tempo possível, por isso o plano de construir mais hotéis era primordial em sua opinião. Assim, ele mais que triplicou o número total de quartos, de pouco mais de 2 mil, em sua chegada, para cerca de 9 mil, quando deixou o comando da NBC Universal em agosto de 2020, construindo um legado e tanto.

A transformação que a Comcast conseguiu realizar em sua primeira década é realmente inspiradora. As dúvidas e incertezas que costumavam pairar sobre a Universal desde a saída da MCA finalmente terminaram. Lew Wasserman faleceu em 2002, quando a Vivendi comandava a empresa, e não chegou a ver a transição para a GE, tampouco imaginara a chegada da Comcast. Se ele sofreu um golpe ao ver a empresa ser minada aos poucos, ele certamente ficaria satisfeito em saber como ela está agora.

Em 2013, a Comcast desembolsaria mais de 16 bilhões de dólares para adquirir o percentual que tinha ficado com a GE na negociação original. Logo em seguida, ela passou a ser a única proprietária da Universal Studios Florida, unificando a empresa pela primeira vez desde sua concepção quase trinta anos antes, quando Jay Stein havia encontrado o parceiro exigido por Lew Wasserman para iniciar o projeto de Orlando. Em 1989, a Cineplex Odeon precisou vender suas ações por não conseguir manter os investimentos que o negócio demandava. Na ocasião, a Rank Organisation adquiriu 50% do empreendimento em Orlando por cerca de 150 milhões de dólares. Porém, onze anos depois, ela vendeu sua participação para o Blackstone Group por pouco menos de 300 milhões de dólares, realizando um lucro significativo. Contudo, o investimento se mostrou um excelente negócio, porque para conseguir o controle integral da Universal na Flórida, a Comcast desembolsou mais de 1 bilhão de dólares à Blackstone.

A Comcast cresceu de tal forma com a família Roberts que se transformou num dos maiores conglomerados dos Estados Unidos e a segunda maior companhia de mídia do mundo inteiro. Algumas das empresas que fazem parte do grupo são: a britânica SKY, a Xfinity, a AT&T Broadband, o serviço de streaming Peacock e a NBC Universal, que engloba vários canais de televisão, como o USA, E! Entertainment e Telemundo, além dos parques temáticos da Universal e de estúdios como a DreamWorks e a Illumination.

IX — STEVEN SPIELBERG

No dia 18 de dezembro de 1946, nasceria um dos maiores diretores da história do cinema mundial em Cincinnati no estado de Ohio. Steven Allan Spielberg era o primogênito de uma família judaica que imigrou da Ucrânia. Seus pais tiveram vidas bastante longevas e outras três crianças além dele, todas meninas. Leah Adler, mãe de Steven, era uma artista que estimulava a criatividade e a imaginação de todos à sua volta. Ela sempre manteve uma mentalidade jovem, parecendo outra criança junto dos filhos. Suas especialidades eram tocar piano e pintar, mas ela também teve um restaurante (The Milky Way) por mais de três décadas. Faleceu em 2017, em casa, junto à família, aos 97 anos de idade.

> 🌎
> **"A ÚNICA REGRA NA MINHA FAMÍLIA É: NÃO SE TORNE UM ADULTO."**
> **LEAH ADLER**

Arnold Spielberg, pai de Steven, era engenheiro elétrico e foi pioneiro no desenvolvimento de sistemas de armazenamento de dados em tempo real. Em 1949, foi contratado pela RCA e fez parte do time que construiu o primeiro computador comercial da empresa. Sete anos mais tarde, ele passou a trabalhar diretamente para a GE, empresa que criou a RCA. Arnold morreu de causas naturais em 2020, meses após ter completado 103 anos.

Entretanto, um evento ficaria marcado fortemente na memória de Steven Spielberg: o divórcio de seus pais. Isso o incomodou de tal maneira que ele ficou anos praticamente sem nenhum contato com o pai. É provável que tenha sido em função dessa ruptura familiar que Spielberg passou a explorar muitas partidas e despedidas em suas produções, elemento emocional que o ajudaria a se destacar na carreira. Contudo, Spielberg demorou muito para descobrir a verdadeira razão da separação. Pelo fato de seu pai trabalhar demais, sua mãe, Leah, ficava a maior parte do tempo sozinha com os filhos, e acabou se apaixonando por Bernie Adler, um grande amigo de Arnold. Com o intuito de proteger sua amada esposa, ele assumiu a responsabilidade do divórcio. Talvez por isso, Spielberg também tenha passado a retratar muitos reencontros.

Desde pequeno, Steven Spielberg se interessou por filmes e durante a adolescência começou a criar alguns por conta própria. O diretor comentou por diversas vezes que decidiu seguir essa carreira após assistir a *Lawrence da Arábia*, de 1962, considerado um dos melhores filmes de todos os tempos. Com quase 20 anos de idade, ele se mudou para Los Angeles e lá começou a frequentar a California State University, Long Beach.

Apenas dois anos mais tarde, em 1968, Spielberg escreveu e dirigiu o curta-metragem *Amblin'*, em que um casal se encontra no deserto, dali surgindo uma história de amor. Nesse mesmo ano, Sid Sheinberg se encantou com o trabalho daquele jovem e decidiu apostar alto nele, oferecendo-lhe um contrato. Ali começava a relação entre o cineasta de futuro promissor e um dos maiores estúdios do mundo.

> "SE VOCÊ ASSINAR CONOSCO, EU O APOIAREI NOS FRACASSOS DA MESMA FORMA COMO FAREI NOS SUCESSOS."
> SID SHEINBERG A STEVEN SPIELBERG

No início da década de 1970, Spielberg faria alguns filmes, mas seu grande estouro aconteceria com a adaptação do livro *Tubarão*, de Peter Benchley, em 1975, apenas um ano após a obra ter sido lançada. O filme, que conta a história de um tubarão branco que aterroriza a pequena e pacata Amity Island, foi sucesso absoluto de bilheteria, tornando-se a produção com o maior faturamento até então e arrebatando três estatuetas do Oscar. Apesar de tudo isso, Spielberg não aceitou dirigir o segundo filme da série, lançado três anos mais tarde. Ele preferiu se concentrar em outra obra que escreveu e dirigiu, *Contatos Imediatos do Terceiro Grau*, cujo lançamento ocorreu em 1977 e resultou em sua primeira indicação ao Oscar de Melhor Diretor.

> **"TODOS NÓS, A CADA ANO, SOMOS UMA PESSOA DIFERENTE. EU NÃO CREIO QUE SEJAMOS A MESMA PESSOA DURANTE TODA A NOSSA VIDA."**
> STEVEN SPIELBERG

Pouco tempo depois, Steven Spielberg se juntaria a George Lucas para trabalhar no primeiro filme da série *Indiana Jones*. Lucas tinha lançado *Star Wars* em 1977 e, portanto, também já se destacava na indústria cinematográfica. Como não poderia deixar de ser, a parceria deles em *Indiana Jones e os Caçadores da Arca Perdida* debutou em 1981, sendo o filme com o maior faturamento naquele ano. A distribuição ficou por conta da Paramount, cujo presidente, Michael Eisner, fez questão de apoiar a produção pessoalmente para se aproximar dos dois diretores.

No ano seguinte, Spielberg acertaria mais uma vez ao lançar o filme *E.T.: o Extraterrestre*, que retrata a amizade improvável entre um menino e um ser de outro planeta. A produção, distribuída pela Universal, se tornou um campeão de bilheteria, e o sucesso rendeu também cinco Oscars, além das indicações para Melhor Diretor e Melhor Filme. Apesar de todas as conquistas, Spielberg ainda precisaria esperar mais alguns anos para conseguir sua primeira estatueta como diretor.

Outra grande produção de Steven Spielberg foi *De Volta para o Futuro*, lançada em 1985 e dirigida por Robert Zemeckis. As aventuras de Marty McFly e Doc Emmett Brown marcaram toda uma geração, rendendo ainda mais duas sequências. Mesmo com tantas obras consagradas, a maioria delas distribuída pela Universal, Spielberg provavelmente não imaginava que sua relação com a empresa iria se aprofundar ainda mais.

Quando Michael Eisner assumiu a Disney, não demorou muito a entender que revitalizar os parques seria fundamental no sucesso da companhia a longo prazo. Além de anunciar a polêmica abertura da Disney-MGM Studios, ele também decidiu buscar grandes nomes para contribuir com o desenvolvimento de novas atrações. Ao procurar George Lucas, sua ideia foi a de criar maior interesse no público utilizando franquias consagradas, como *Star Wars* e *Indiana Jones*. A Lucas Filmes seria comprada pela Disney em 2012.

Spielberg e Lucas tinham uma ótima relação, compartilhando uma grande amizade havia mais de uma década. Foi nesse período em que Lucas se juntou à Disney que Spielberg aceitou se tornar consultor criativo da Universal, passando a participar ativamente das discussões e reuniões sobre novas atrações que seriam levadas aos parques. Lucas lamentou ver o amigo junto da concorrência, mas não acreditava muito no parque que a Universal estava construindo. Spielberg decidiu descobrir por conta própria onde havia se enfiado. Em função do projeto em Orlando, ele acabaria se aproximando bastante da equipe de criação liderada por Jay Stein.

"É UMA PENA QUE VOCÊ ESTEJA LIGADO À UNIVERSAL PORQUE ELES NÃO SABEM O QUE ESTÃO FAZENDO."
GEORGE LUCAS A STEVEN SPIELBERG

Depois de trabalhar para a Disney por pouco mais de dois anos no desenvolvimento de atrações, Peter Alexander iniciou sua carreira na Universal no início dos anos 1980. Coincidentemente, ele e Spielberg tinham se conhecido na California State University, Long Beach. Num certo dia, Alexander convidou Spielberg, já atuando como consultor, para conhecer a nova atração do King Kong em Hollywood. Spielberg ficou completamente animado e logo perguntou o que Alexander achava que poderia fazer com o filme *De Volta para o Futuro*. Se ele desconfiava de que a Universal talvez não soubesse o que estava fazendo, esse sentimento provavelmente se dissipou naquele dia. A atração se tornaria mais uma das novidades para a inauguração do parque em Orlando.

Em outra ocasião, quando discutiam sobre *E.T.*, Spielberg falou para Alexander que aquela era uma história pessoal e a atração precisava incorporar isso de alguma maneira. Foi então que surgiu a ideia de o personagem agradecer aos visitantes no final do passeio, um a um e pelo nome. Essa é a única atração que ainda está em funcionamento desde a abertura da Universal Studios Florida em 1990. Spielberg conseguiu adaptar seus filmes da tela para os parques mantendo o mesmo nível de detalhes, conexões emocionais e pioneirismo, inclusive gerando muitas inovações.

O envolvimento de Spielberg não só ajudou na parte criativa como também aumentou a confiança de todos os envolvidos. Outra contribuição dele no processo de desenvolvimento do parque em Orlando que concorreria com a Disney-MGM Studios foi através da criação do lema a ser utilizado. Spielberg sugeriu que os visitantes da Universal deveriam realmente viver os filmes. Com as simples palavras "Ride the Movies", ele conseguiu resumir e reforçar o conceito principal que a Universal carregava desde o início.

> ## "VOCÊ NÃO DEVE SONHAR UM FILME; VOCÊ DEVE FAZÊ-LO."
> ### STEVEN SPIELBERG

Quando soube da saída de Jay Stein, Spielberg foi falar com ele para entender o que se passava. Na cabeça do diretor, não fazia nenhum sentido Jay se aposentar naquele momento, pouco depois da inauguração da Universal Studios Florida. Confuso, ele ainda tentou fazer com que reconsiderasse, mas Jay estava decidido. O presidente que se aposentava para trabalhar como consultor disse que precisava de mais tempo para si próprio e sua família, embora estivesse disposto a ficar por perto para ver o crescimento do primeiro parque em Orlando e conferir o nascimento do segundo. Na verdade, Jay não acreditava na parceria formada com a Matsushita. Em sua opinião, a diferença cultural entre as empresas traria muitos problemas, mas Spielberg discordava dele e acreditava na aliança com os japoneses.

Em paralelo à sua atuação como consultor criativo, Steven Spielberg continuava com suas produções. No ano de 1993, ele lançou dois grandes sucessos. O primeiro foi baseado em um livro que tinha recebido de presente de Sid Sheinberg quase dez anos antes, *A Lista de Schindler*, que lhe renderia, finalmente, as estatuetas do Oscar de Melhor Diretor e Melhor Filme. O outro foi *Jurassic Park*, que se transformaria em mais uma franquia de enorme sucesso, ganhando sequências e uma atração no estúdio de Hollywood três anos depois. Levaria outros três para que Orlando também recebesse a atração que viraria um dos ícones do novo parque da Universal na Flórida, o Islands of Adventure.

> **"NÓS QUEREMOS DESLUMBRAR, ENTRETER E VER AS PESSOAS VOLTANDO DE NOVO, DE NOVO E DE NOVO."**
> STEVEN SPIELBERG

Se não bastassem os filmes e os parques, Steven Spielberg se juntou a Jeffrey Katzenberg (então desafeto de Michael Eisner) e a David Geffen em 1994 para fundar a DreamWorks. Depois de levar o primeiro Oscar de animação da história com o filme *Shrek*, a empresa lançou vários outros sucessos, como *Madagascar*, *Kung Fu Panda*, *Como Treinar o Seu Dragão* e *Trolls*. Em 2016, a Universal comprou a divisão de animações da DreamWorks.

Outra companhia que a Universal possui é a Illumination, fundada em 2007 por Chris Meledandri após deixar a presidência da 20th Century Fox Animation. O primeiro grande sucesso veio em 2010 com o lançamento de *Meu Malvado Favorito* em que surgiram os irreverentes Minions. Aclamada pelo público, a história gerou sequências. Além disso, devido à adoração de pessoas de todas as idades pelos Minions, em 2015 eles ganharam um filme exclusivo que já caminha para uma série, com o lançamento do segundo em 2022. Outros destaques da companhia foram *Pets: A Vida Secreta dos Bichos*, *Sing: Quem Canta Seus Males Espanta* e *O Grinch*.

No ano de 1999, Steven Spielberg ganharia seu segundo Oscar de Melhor Diretor com o filme *O Resgate do Soldado Ryan*, lançado no ano anterior. A produção recebeu onze indicações e arrematou cinco prêmios no total.

A participação de Spielberg como consultor criativo não se limitava às atrações nem aos parques. Naquele mesmo ano, a Universal inauguraria o primeiro hotel do complexo de Orlando, o Portofino Bay. O empreendimento foi idealizado por Spielberg, baseado em uma viagem que ele havia feito ao famoso vilarejo italiano. Sua criatividade e capacidade de sonhar sempre foram características extremamente marcantes em todos os seus projetos.

> ## "EU NÃO SONHO À NOITE, MAS, SIM, DURANTE O DIA TODO; EU SONHO PARA VIVER."
> ### STEVEN SPIELBERG

Apesar de a maioria de seus filmes terem sido distribuídos pela Universal Pictures, a produção quase sempre ocorreu através da empresa que ele fundara em 1981, a Amblin Entertainment (nome escolhido em referência ao seu curta-metragem de início de carreira).

Entretanto, outros títulos não dirigidos por Spielberg também foram produzidos por esta empresa, por exemplo: *Twister* (1996), *MIB: Homens de Preto* (1997) e, mais recentemente, a nova série de filmes *Jurassic World*, cujo primeiro, *O Mundo dos Dinossauros*, foi lançado em 2015. Assim como *E.T.*, *De Volta para o Futuro* e *Jurassic Park*, todos acabaram virando atrações nos parques da Universal.

A propósito, a atração baseada no filme *MIB: Homens de Preto* está situada na Universal Studios Florida em Orlando e foi lançada em 2000. Porém, o mais curioso, é que existe uma homenagem a Spielberg que muitos dos visitantes que se aventuram em atirar contra seres de outros planetas acabam não percebendo. Uma réplica do famoso cineasta, lendo um jornal com um boné de Jurassic Park, foi colocada no percurso. A grande surpresa acontece quando ele abaixa o jornal e revela ser, na verdade, um alienígena com três cabeças.

Steven Spielberg segue atuante até os dias de hoje. Além de contribuir em novas atrações em Hollywood e Orlando, ele também participa de novos projetos internacionais. O último foi o complexo que a Universal lançou em Beijing na China.

Sem dúvida alguma, Spielberg se tornou um ícone do cinema mundial e seus feitos foram, inclusive, reconhecidos pela Casa Branca, que lhe honrou com uma Medalha Presidencial da Liberdade em 2015, uma das mais relevantes condecorações que um cidadão pode receber nos Estados Unidos. Seu legado também virou um documentário da HBO em 2017, contando com depoimentos e entrevistas de diversos atores, colegas, amigos e familiares, incluindo George Lucas, Sid Sheinberg, seu pai, Arnold, e sua mãe, Leah Adler, a quem o filme foi dedicado – ela faleceu pouco antes do lançamento.

X – UNIVERSAL STUDIOS HOLLYWOOD

Quando Carl Laemmle iniciou a visitação aos estúdios poucos anos depois da fundação da Universal, apesar das receitas adicionais, ele não imaginava o mundo de possibilidades que aquilo poderia trazer no futuro. Com a introdução do som nas produções, Carl teve que encerrar a atividade. Entretanto, décadas mais tarde, a MCA assumiria a empresa e Lew Wasserman tomaria a decisão de reabrir as portas aos visitantes que continuavam interessados nos bastidores da indústria e na oportunidade de encontrar algum astro ou estrela do cinema ou da televisão. Foi assim que, no dia 15 de julho de 1964, o Studio Tour teve início.

A Universal Studios City foi incorporada em 1915 como uma verdadeira cidade, incluindo polícia, corpo de bombeiros, hospital, escola, biblioteca e, até mesmo, um zoológico. Porém, somente em 1967 foi criada a atração batizada como Ark Park para que o público tivesse a chance de conhecer os animais que atuavam nas produções de cinema e de televisão. Além disso, aqueles que visitavam o Ark Park também tinham opções de interação, como tocar ou alimentar algumas das espécies.

O Studio Tour foi a iniciativa que deu origem ao parque em Hollywood. Assim que os visitantes chegavam à Universal, eles faziam seu registro e aguardavam o trenzinho que os levaria para o passeio exclusivo pelos estúdios. Cada grupo era liderado por um guia que trazia diversas informações e curiosidades, tanto das produções como da operação. Durante o percurso, alguns dos participantes eram convidados a interagir em atividades ou nos programas que estavam sendo gravados, criando, assim, uma tradição que perduraria nos parques da Universal pelo mundo desde então. Entretanto, o trajeto precisava ser frequentemente alterado devido às filmagens que estavam sendo realizadas e a experiência variava muito de um dia para o outro.

Dessa forma, a Universal passou a desenvolver atrações fixas para incrementar o Tour, na tentativa de criar uma visita mais padronizada, apesar de ainda seguir com inúmeros imprevistos devido às produções. A primeira delas foi o Flash Flood no ano de 1968. Enquanto os visitantes conferiam como era realizada a chuva em um filme, eles acabavam surpreendidos por uma enxurrada com enorme quantidade de água indo em direção ao trenzinho onde estavam.

Uma das coisas que a Universal entendeu com o passar dos anos foi a necessidade de aumentar seu estacionamento. Havia algum tempo, a falta de vagas causava pequenos transtornos e limitava a presença de um número maior de visitantes. Quando a Universal decidiu ampliar o Studio Tour, uma estrutura inovadora com sete andares foi construída. Além de resolver o problema inicial, a nova obra foi projetada de forma inusitada, uma espécie de pirâmide invertida, criando maior espaço para entretenimento na parte inferior e ainda servindo de fundo para um programa de televisão que era transmitido na época.

Os negócios estavam cada vez melhores, mas nem tudo eram flores. A Universal Studios em Hollywood enfrentou diversas perdas decorrentes de vários incêndios em sua história com mais um grande prejuízo em 1967. Felizmente, ela sempre conseguiu superar e continuar seus projetos, reconstruindo e adaptando o que se fazia necessário. E, dessa vez, não foi diferente.

A primeira atração inspirada em um filme surgiu apenas em 1973, com Parting of the Red Sea, baseada na produção *Os Dez Mandamentos*, lançada dezessete anos antes. Seguindo a narrativa da produção, os visitantes podiam vivenciar uma das cenas mais marcantes da história, quando Moisés abre o Mar Vermelho em busca da Terra Prometida. No Tour, o trenzinho passava pelo meio da água como se esta tivesse sido separada apenas para o grupo. Não era raro ver Charlton Heston, o ator principal do filme, pelos estúdios ou até mesmo participando da atração.

> ## "MOISÉS É A PEDRA ANGULAR DO CÓDIGO DE ÉTICA DE CADA HOMEM."
> ## CHARLTON HESTON

Em seguida, vieram outras novidades como: a Rockslide, na qual rochas (não de verdade) rolavam de uma montanha em direção ao trenzinho com sons reais para trazer mais veracidade à experiência; The Collapsing Bridge, em que os visitantes passavam sufoco para atravessar uma ponte prestes a desmoronar; o Ice Tunnel, que, apesar de não ser longo, deixava a impressão de que o veículo estava deslizando a ponto de capotar a qualquer momento; e The Burning House, em que labaredas reais incendiavam uma casa que tinha sua fachada construída com materiais não inflamáveis.

Mesmo assim, Jay Stein queria mais. Como responsável pela área que englobava o Studio Tour, ele estava sempre em busca de opções. Uma de suas ideias era tentar oferecer aos visitantes algo adicional de cada uma das novas produções que a Universal lançasse, praticamente em simultâneo à chegada delas às telas do cinema. Assim, a audiência poderia assistir aos filmes e, em seguida, interagir com eles. O modelo era desafiador para a época, mas tão interessante que, a partir da primeira tentativa, se tornaria frequente em novos planos e desenvolvimentos de atrações.

Em 1975, foi lançado *Tubarão*. Em função do sucesso junto ao público, que demonstrava interesse por mais elementos do filme, uma réplica do feroz animal foi rapidamente disponibilizada para que os visitantes pudessem tirar uma fotografia. Assim, com o aumento da procura pelo Tour, no ano seguinte a Universal lançou uma atração recriando a vila da produção. O grande tubarão branco também ganhou vida, surgindo de baixo da água para atacar o trenzinho.

Logo, outras atrações foram agregadas ao Studio Tour, especialmente na década de 1970, como: Torpedo Attack, quando um submarino tenta atacar os visitantes; The Runaway Train, num evento onde uma locomotiva quase entra em colisão com o trenzinho do Tour; e The Battle of Galactia, cuja interação entre figuras audioanimatrônicas e atores reais lançou mais uma tendência que se manteria no DNA da Universal.

Terry Winnick começou a trabalhar na Universal em 1967 como guia do Studio Tour e, na década de 1980, já havia se tornado o grande responsável pelo desenvolvimento de novas atrações, respondendo diretamente a Jay Stein. Nessa época, Winnick contratou a empresa de Bob Gurr, que havia passado quase vinte anos na Disney desenvolvendo atrações e tinha acabado de abrir seu próprio negócio. Ele ficou surpreso com a ousadia e a maneira de trabalhar dos executivos da Universal. Bob foi o criador da enorme serpente que surgiria na atração The Adventures of Conan, mas seu grande projeto viria logo depois. Em 1986, foi responsável por King Kong, criando o maior audioanimatrônico do mundo até então.

> "OS ADVOGADOS DA DISNEY TERIAM UM ATAQUE DO CORAÇÃO SOBRE ESSA IDEIA. MAS A UNIVERSAL NÃO TINHA MEDO E ERA MUITO SÉRIA."
> BOB GURR

A série *Jornada nas Estrelas* também foi utilizada para criar uma atração na qual alguns dos visitantes eram convidados a participar. Trechos dos filmes eram transmitidos ao público, enquanto voluntários complementavam o roteiro seguindo orientações de como e quando deveriam atuar, já com figurinos emprestados pela produção. Tudo era devidamente gravado para que, no final, os vídeos fossem editados, criando uma história entre os participantes e os atores consagrados, como se aquela pequena nova produção tivesse sido verdadeiramente realizada com a presença de todos os envolvidos.

Phil Hettema chegou em 1988 para trabalhar na criação da nova atração baseada em *Jornada nas Estrelas*. A estreia contou com a presença dos atores originais da série. Com o passar do tempo, Hettema logo se tornaria vice-presidente sênior da Universal Creative, participando de diversos projetos, inclusive em Orlando.

Outra produção que também virou atração foi *Terremoto*, de 1974, que simula tremores que chegam a 8,3 pontos na escala Richter. Com muitos efeitos, os visitantes conseguiam ter uma ideia clara de como certas cenas dos filmes eram gravadas. Entretanto, em *Um Tira da Pesada 3*, podemos ver a atração levemente modificada com o nome de Allien Attack em que o policial Axel Foley, protagonizado por Eddie Murphy, enfrenta alguns vilões dentro do fictício parque Wonder World criado para a produção. Outra curiosidade é que essa atração teve que ser fechada duas vezes por causa de terremotos de verdade.

No início dos anos 1980, a Universal tinha os maiores estúdios do mundo, com o maior número de produções, incluindo cinema e televisão. O Studio Tour já era um destino com grandes proporções e que os visitantes comparavam com a Disneyland, apesar do foco totalmente diferente. Já no final da década, quando a disputa com a Disney chegou ao ápice e ambas as empresas corriam para abrir seu parque em Orlando, a Universal trabalhava forte para continuar levando ao público tudo aquilo que sempre tinha oferecido. A ideia era manter sua identidade em cada desenvolvimento, principalmente na Flórida, onde as atividades ainda estavam por começar.

Sob o comando de Terry Winnick, várias outras atrações foram desenvolvidas em Hollywood. Além do Kongfrontation com a presença do enorme gorila, ele também teve participação em Jaws: The Ride, baseada em *Tubarão*, porém uma delas marcaria ainda mais sua passagem pela Universal, Back to the Future: The Ride, inspirada no filme *De Volta para o Futuro* de Steven Spielberg.

> "NÓS TEMOS KING KONG, TEMOS DE VOLTA PARA O FUTURO, TEMOS TUBARÃO. NÓS VAMOS ATERRORIZAR AS PESSOAS. ISSO NÃO É PARA OS FRACOS."
> TERRY WINNICK

As novidades continuavam intensas e, em 1986, a Universal lançou um evento aproveitando o período de Halloween na expectativa de atrair mais visitantes. O Knott's Berry Farm, primeiro parque temático dos Estados Unidos, já realizava um evento similar com bastante sucesso havia vários anos. Tristemente, o evento inaugural foi literalmente um horror, pois um dos atores da Universal caiu entre dois trenzinhos quando foi assustar o público e acabou morrendo. O evento ficaria suspenso por seis anos até ser novamente incluído na programação. A partir dali, o Halloween Horror Nights foi ganhando cada vez mais corpo e se tornando um evento mais longo, atualmente com duração de meses.

Lamentavelmente, a Universal teve mais uma ocorrência de incêndio em sua história, em setembro de 1987, quando chamas destruíram uma estrutura de três andares, causando danos em outras que ficavam próximas. Por sorte, quando os bombeiros conseguiram controlar o fogo, foi possível confirmar que os prejuízos não tinham sido tão grandes como nas outras vezes. Porém, esse ainda não seria o último, e os estúdios voltariam a enfrentar perdas no futuro.

Em 1989, havia muita agitação com os preparativos para o parque na Flórida, porém o Studio Tour em Hollywood continuava crescendo e com números excelentes. Aproveitando todos os aprendizados que o projeto em Orlando lhe trouxe, Jay Stein sugeriu a troca da palavra Tour por Hollywood, pois assim o apelo com os visitantes locais seria ainda maior. A estratégia funcionou da forma esperada e, desde então, a Universal Studios Hollywood vem operando com este nome. O Studio Tour ainda existe e segue encantando milhões de visitantes todos os anos, mas agora somente como uma dentre as diversas atrações do parque, com duração de aproximadamente uma hora.

Em novembro de 1990, os estúdios novamente seriam atingidos por um incêndio, dessa vez proposital, causado por um segurança contratado para garantir que nada ocorresse com 21 carros antigos que estavam sendo utilizados na produção do filme *Oscar: Minha Filha Quer Casar*, com Sylvester Stallone. Foi um dos maiores incêndios de Los Angeles, demandando mais de quatrocentos bombeiros e destruindo cerca de 20% dos estúdios. O segurança foi condenado a quatro anos de prisão. Entre outros vários especialistas, Steven Spielberg também foi consultado para a reconstrução da área que, quando pronta, recebeu como primeira ocupação a produção *Extra! Extra!*, da Disney, cuja história se passa no ano de 1899 em Nova York.

Uma das particularidades do parque em Hollywood é sua divisão, afinal, ele está em uma montanha. Numa espécie de dois andares, o Upper Lot tem mais atrações e é por onde os visitantes chegam, enquanto que o Lower Lot tem uma área mais restrita e, consequentemente, menos opções. Entretanto, existe uma ligação entre esses Lots que já é uma atração por si só: uma série de quatro escadas rolantes, com mais de quatrocentos metros de extensão, num trajeto que leva cerca de sete minutos. O projeto custou em torno de 18 milhões de dólares e oferece vistas incríveis dos estúdios da Universal, mas dali também é possível ver os estúdios da Warner Bros. e o Walt Disney Studio. A StarWay começou a operar no dia 15 de março de 1991, exatamente 76 anos após a inauguração da Universal Studios City.

Com o grande sucesso de E.T. Adventure no parque da Flórida, a atração seria inaugurada em Hollywood um ano depois, em 1991. Outro campeão de bilheteria também baseado numa produção de Steven Spielberg seria lançado primeiro em Orlando, Back to the Future: The Ride, chegando a Los Angeles em 1993. As novidades não pararam por aí, e várias inspiradas em filmes do diretor, como *Jurassic Park*, que começou a funcionar em 1996. O tema da primeira trilogia permaneceria até 2018, quando a atração foi fechada para reforma. Devido ao sucesso dos novos filmes da série sobre dinossauros, outro conceito foi criado, reabrindo já no ano seguinte como Jurassic World: The Ride.

Em 1993, foi aberto o CityWalk, centro de entretenimento com opções gastronômicas e lojas. O cinema na época da abertura tinha a bandeira da antiga sócia da Universal Studios Florida, a Cineplex. Outra empresa que foi dona da Universal e também ganhou destaque no local foi a Panasonic, com a instalação de um monitor gigante com chamadas de filmes que seriam lançados. O CityWalk se mostrou um complemento perfeito ao parque, aumentando o número de visitantes, principalmente de residentes que não tinham o hábito de retornar com frequência. Isso fortaleceu o estúdio em Hollywood, trazendo maior estabilidade e acelerando a transformação para um verdadeiro complexo de entretenimento. Tudo isso ocorreu durante a parceria entre a MCA e a Matsushita, com Sid Sheinberg ainda na presidência e Lew Wasserman como chairman. Eram frutos de sementes plantadas por três décadas, mas tudo mudaria em breve.

"TIVE A VANTAGEM DE SER GUIADO POR LEW WASSERMAN."
SID SHEINBERG

Independentemente das questões corporativas, o parque continuava evoluindo e, quando possível, explorando a estratégia de criar novas atrações juntamente aos lançamentos. Porém, uma delas quase saiu pela culatra, afinal, nem toda produção acaba agradando ao público da maneira imaginada. Um exemplo disso foi *WaterWorld: O Segredo das Águas*, filme que decepcionou nas bilheterias em 1995, mas que, no mesmo ano, se destacou tanto no parque de Hollywood que acabou sendo replicado também nos parques do Japão em 2001, de Singapura em 2010 e de Beijing em 2021, tendo um destaque ainda maior neste último. De qualquer forma, a Universal não deixou de utilizar essa estratégia, pois tinha plena convicção de que o sucesso das produções nem sempre era o ponto mais importante para uma nova atração, mas, sim, a história por trás de cada roteiro e o quanto o público realmente consegue captar da ideia proposta.

Na contramão das boas surpresas, em setembro de 1997, a Universal passaria por mais um susto. Novamente um incêndio arrebataria os estúdios, agora em decorrência de alguns materiais químicos armazenados de maneira indevida. Os prejuízos não foram muito significativos com os prédios, e as estruturas afetadas logo foram reconstruídas, exatamente como eram.

Doze anos após sua abertura, E.T. Adventure foi fechada em 2003. Acabou substituída, no ano seguinte, pela atração Revenge of the Mummy, baseada nos filmes da série *A Múmia*, estrelada por Brendan Fraser e Rachel Weisz. Em 2007, outra atração seria encerrada quando os visitantes fariam sua última viagem no tempo com o famoso DeLorean dos filmes da série *De Volta para o Futuro*. O prédio onde estava seria transformado, em pouco mais de um ano, para abrigar uma novidade baseada na família de um dos desenhos animados de maior repercussão em todos os tempos, *Os Simpsons*.

No mesmo ano, 2008, a Universal Studios enfrentaria o pior incêndio de sua história. Mais uma vez, foram necessárias centenas de bombeiros para conter o fogo cuja destruição foi de proporções enormes. Além de vários prédios de época com fachadas antigas, a atração de King Kong também foi atingida e fechada, para a tristeza dos fãs. Contudo, os executivos da empresa não deixariam essa fatalidade criar ainda mais problemas e, pouco tempo depois da tragédia, lançaram o Projeto Fênix, seguindo o conceito do pássaro da mitologia grega, como uma forma de renascer das cinzas. Literalmente! Além de reconstruir, do zero, a maior parte dos prédios reforçando suas estruturas, a Universal aproveitou para modernizar e melhorar muitas delas, ajustando o que interessava para futuras produções, como espaços estratégicos e angulações planejadas para facilitar o trabalho das câmeras. Apesar dos ferimentos graves, King Kong sobreviveu. A nova atração foi inaugurada em 2010 e continua fazendo parte do Studio Tour.

Transformers: The Ride-3D seria a primeira atração aberta em Singapura antes de cruzar o mundo para os parques nos Estados

Unidos, mais especificamente Hollywood, onde estreou em 2012. Dois anos mais tarde, os Minions também receberiam sua devida homenagem no parque após o sucesso da atração Despicable Me Minion Mayhem em Orlando.

Quando o Studio Tour começou em 1964 com alguns guias e poucos motoristas, Lew Wasserman sabia que era um negócio complementar capaz de obter bastante expressividade no todo, mas certamente ele não imaginava o alcance daquela ideia. Graças a Jay Stein, cuja visão e insistência foram fundamentais, a Universal construiu algo único, repleto de aventuras e diversão. Seu pioneirismo em utilizar voluntários para participar das atividades durante o Tour se tornou referência, eventualmente se espalhando entre seus concorrentes.

Atualmente, a Universal Studios Hollywood é um verdadeiro destino de entretenimento, ao mesmo tempo que continua sendo uma das maiores áreas destinadas a todos os tipos de produção, tendo capacidade de replicar qualquer lugar do planeta.

XI – UNIVERSAL ORLANDO RESORT

Quando a MCA considerou a expansão do Studio Tour para a outra costa dos Estados Unidos, a ideia era levar uma experiência diferenciada para Orlando, aproveitando o crescimento de turistas na cidade, principalmente por causa dos parques da Disney. A Universal planejava a construção de estúdios na Flórida para realizar ainda mais produções, já que suas instalações em Hollywood estavam, quase sempre, lotadas. Ter outra localidade seria interessante para os negócios, além de propiciar a oportunidade de oferecer mais uma opção de visita de bastidores ao público. Ser um parque temático não estava no escopo original, porém os planos tiveram que ser alterados após Michael Eisner ter se aproveitado das informações e do conhecimento obtidos quando ainda estava na Paramount.

"NÓS TIVEMOS QUE REPROGRAMAR, REAVALIAR E REPENSAR TUDO O QUE TÍNHAMOS ORIGINALMENTE CONTEMPLADO."
JAY STEIN

Para ajudar no projeto de Orlando, Bob Ward foi contratado. Ele tinha sido um dos responsáveis pela construção do Magic Kingdom e, portanto, seria muito importante para a Universal. Sua enorme experiência no desenvolvimento de parques temáticos era algo que os novos planos demandavam, já que aquele seria um começo totalmente diferente do programado. Quando a Disney decidiu adotar um trenzinho similar ao que era utilizado no Studio Tour em Hollywood, a Universal preferiu abandonar seu veículo característico e transformar a visitação na Flórida em algo diferente, criando assim uma experiência mais individualizada, dispensando a formação de grupos, pois as pessoas explorariam os estúdios caminhando. As atrações que antes eram partes de um roteiro programado ganhariam um porte maior, muitos detalhes e se tornariam independentes umas das outras. Ações sempre geram reações. Ao querer entrar no negócio da Universal, a Disney acabou trazendo a concorrente para dentro do seu.

> "EU NÃO ACREDITO QUE AS PESSOAS TENHAM A MÍNIMA IDEIA DO QUE ESTÁ ACONTECENDO AQUI EM ORLANDO. OS VISITANTES NÃO TERÃO ATRAÇÕES, ELES TERÃO EXPERIÊNCIAS."
> BOB WARD

No final de 1988, apesar de o parque ainda não estar aberto ao público, os estúdios estavam prontos e a série *Leave It to Beaver* passou a ser produzida na Universal em Orlando. Conforme imaginado, a demanda existia e, logo nos primeiros doze meses, treze filmes e centenas de episódios de programas de televisão foram realizados nos novos estúdios.

Seguindo com essa proposta de produções funcionando normalmente para que os visitantes tivessem uma verdadeira experiência pelos bastidores dos estúdios, a Universal buscou ainda mais atrativos para realçar essa atividade. Sendo assim, a empresa chegou a um acordo com a Nickelodeon, companhia focada principalmente em conteúdos para crianças e adolescentes, e construiu um prédio exclusivo para o novo parceiro. Como eles atuavam no segmento de entretenimento familiar, a união fazia todo sentido com o projeto do parque, trazendo um ganho significativo para a Universal, que ainda não contava com um acervo muito extenso para o público infantojuvenil. O Nickelodeon Studios funcionou por quase quinze anos, desde a abertura do parque em 1990 até o término do contrato em 2005. Contudo, pouco tempo depois viria uma grande novidade para ocupar esses mesmos prédios.

Com as obras andando em ritmo acelerado para a inauguração, um dos principais desafios que os executivos da MCA tiveram que enfrentar foi o processo de contratação de dezenas de milhares de pessoas. Aquele era um projeto totalmente novo para a Universal e sua concepção partia literalmente do zero.

No dia 28 de fevereiro de 1989, uma coletiva de imprensa foi realizada simultaneamente em Nova York e Orlando para tirar dúvidas e abrir maiores detalhes do novo parque. O evento teve o resultado esperado, contando com quase todas as empresas de mídia e preparou o mercado para a inauguração que aconteceria no ano seguinte. Jerry Green, diretor de entretenimento da Universal, foi o responsável pela apresentação. Porta-voz oportuno, já que ele tinha apresentado mais de 32 mil espetáculos para os visitantes dos estúdios da Universal em Hollywood. Jerry era mais um que começara a carreira como guia do Studio Tour e se tornou o principal apresentador dos espetáculos realizados ao vivo para os espectadores que participavam da experiência na Califórnia. Tendo ingressado na companhia em 1968, Jerry passaria duas décadas e meia trabalhando na Universal.

Após a Disney ter inaugurado seu parque, não restou muita coisa à Universal além de tentar se diferenciar o máximo possível e correr para não perder o momento. Levou ainda mais um ano até que, no dia 7 de junho de 1990, os portões fossem oficialmente abertos. Enquanto a Disney-MGM Studios surgiu com poucas atrações e uma proposta de parque para ser visitado em apenas meio dia, a Universal debutaria com uma dúzia de opções disponíveis aos convidados, já que a intenção era mantê-los durante um dia inteiro. Apesar de tudo funcionar da maneira prevista, o parque da Disney deixou uma impressão de incompletude. Ali estava uma grande oportunidade para a Universal aproveitar e se firmar logo de início, mas utilizando seu próprio DNA e evitando a concorrência direta.

> **"NÓS NÃO VAMOS COMPETIR COM A DISNEY.**
> **NÓS NÃO TEMOS MICKEY MOUSE."**
> PETER ALEXANDER

Chegado o grande dia, as cerimônias contaram com todos os principais executivos da MCA, além de dezenas de celebridades, como Steven Spielberg, Sylvester Stallone, Charlton Heston, Michael J. Fox e Bill Cosby. Entretanto, o dia inaugural não foi exatamente um sonho. Na verdade, acabou se tornando um enorme pesadelo. Fazia um calor absurdo em Orlando e, se não bastasse, ainda choveu na parte da tarde para atrapalhar um pouco mais. Mesmo assim, as condições climáticas eram o menor dos problemas, pois as principais atrações apresentaram falhas em seus funcionamentos. Por segurança, foi necessário fechar a maioria delas. Com tantos imprevistos no sistema, e apesar de algumas tentativas de manter o gorila gigante em ação através de controles manuais pela equipe, Kongfrontation foi uma das grandes baixas. Posteriormente, com os ajustes necessários, King Kong seguiria atraindo novos visitantes. Outra que também apresentou adversidades nos programas de controle foi Earthquake: The Big One, mas, da mesma maneira, ela se recuperaria com o tempo. A terceira que sofreu com o mau funcionamento naquele dia foi Jaws: The Ride. Infelizmente, os defeitos originados desde a construção do projeto impossibilitaram que o grande tubarão branco pudesse continuar assustando os visitantes por aproximadamente dois anos, tempo que durou a reforma de todo o sistema elétrico e hidráulico da atração. Como era de se esperar, as reclamações foram intensas. Na tentativa de acalmar os ânimos e minimizar as frustrações, a Universal ofereceu ingressos gratuitos para todos que lá estavam. Isso ocorreu não apenas no primeiro dia, resultando em milhares de gratuidades.

De qualquer maneira, a Universal estava oficialmente operando no mercado de parques temáticos e nem todos os fatos eram negativos. Ter inaugurado com mais que o dobro de atrações que a Disney tinha oferecido um ano antes foi um ponto positivo. Algumas novidades funcionaram, caso de E.T. Adventure. A propósito, o simpático extraterrestre continua sua aventura até hoje, sendo a única atração remanescente desde a inauguração.

Muito daquilo que aconteceu no primeiro dia foi resultado da busca insaciável por novidades e experiências únicas. Sob o comando de Jay Stein, responsável pelo projeto desde sua concepção, e com o apoio de Sid Sheinberg e Lew Wasserman, a Universal explorava e extrapolava os limites existentes na época (lembrando que a internet engatinhava e não estava disponível como atualmente).

> **"ESTÁVAMOS TRABALHANDO NO LIMITE DA TECNOLOGIA, INDO POR CAMINHOS QUE NINGUÉM HAVIA EXPLORADO ATÉ ENTÃO."**
> JERRY GREEN

Comparando o primeiro ano dos dois parques, a Universal, de maneira bastante espantosa, superou a Disney no número de visitantes. Depois de ter sido forçada a refazer boa parte de seu projeto e apesar de todos os problemas da inauguração, a Universal conquistava seu espaço no mercado e demonstrava sua força. Com o tempo, a Disney abandonou os estúdios e transformou os prédios em novas atrações, inclusive por um desentendimento com a MGM, que a acusava de ter violado o contrato. A Universal continua com produções até hoje, e os prédios de filmagem só são utilizados como atrações em eventos sazonais ou especiais, a partir de uma agenda concorrida e com histórico de produções não somente nos estúdios fechados, mas também nas áreas internas do parque a céu aberto e por diversas outras partes do Universal Orlando Resort.

O segundo ano traria novos desafios e bastante expectativa, uma vez que os investimentos continuavam. Porém, era fundamental oferecer atrações mais confiáveis para a consolidação do parque. A grande novidade de 1991 seria repleta de inovações. Baseada na trilogia de grande sucesso produzida por Steven Spielberg, Back to the Future: The Ride levou a Universal a outro patamar. Foram desenvolvidos desde o processo dos simuladores, tanto na parte mecânica e elétrica quanto no sistema de controles computadorizados, até a tela que demandava dimensões e formatos totalmente exclusivos. Como muitas das ideias propostas não poderiam ser implementadas com a tecnologia existente na época, a equipe de criação da companhia teve de se superar para construir o necessário por si mesma, a fim de garantir a melhor experiência para o público.

A amizade entre os diretores George Lucas e Steven Spielberg seguia cada vez mais forte, independentemente dos projetos individuais de cada um. Por isso, Lucas provocou o amigo quando foi lançada uma atração baseada em *Star Wars*, dizendo que apenas a Disney poderia construir algo daquela magnitude. Assim sendo, Spielberg passava a ter ainda mais motivos para que Back to the Future: The Ride se tornasse um verdadeiro sucesso. Ela seria uma espécie de resposta da Universal e, portanto, precisava ser surpreendente e funcionar sem falhas. Muitos testes foram realizados antes do lançamento oficial, incluindo uma fase de experimentação no Canadá e outra no próprio parque com a atração já totalmente finalizada.

> **"NÓS TIVEMOS QUE INVENTAR A TECNOLOGIA, INCLUINDO O SISTEMA DE PROJEÇÃO QUE NÃO EXISTIA QUANDO COMEÇAMOS."**
> **TERRY WINNICK**

No dia da inauguração da nova atração, durante um discurso de Tom Williams, CEO da Universal Parks & Resorts, os atores Michael J. Fox (Marty McFly), Mary Steenburgen (Clara Clayton, esposa de Doc Brown) e Thomas Wilson (o vilão Biff Tannen) chegaram ao palco no trem do terceiro filme da série, em meio a muita fumaça e ao som da música-tema, para a alegria dos convidados. A atração se tornou, de imediato, um sucesso absoluto. O próprio Michael J. Fox conferiu a estreia e chegou a comentar que adorou a oportunidade de poder voltar ao filme quando quisesse. George Lucas acompanhou Steven Spielberg para conhecer a novidade e dizem por aí que ele saiu com uma expressão de poucos amigos, enquanto Spielberg estampava um grande sorriso de contentamento.

> **"NÃO ESTOU SENDO PAGO PARA DIZER ISTO: ESTA É A MELHOR ATRAÇÃO. É INACREDITÁVEL."**
> MICHAEL J. FOX

Outra novidade de 1991 foi o The Wild Wild Wild West Stunt Show, cujo teatro abrigava alguns milhares de espectadores, fato que se mostrou importante também para melhorar o fluxo de pessoas pelo parque. Além disso, o evento de Halloween seria realizado pela primeira vez em Orlando desde a tragédia de sua primeira edição em Hollywood, mas o nome utilizado nessa edição, para evitar associações, foi Fright Nights. Entretanto, no ano seguinte, o público teria a chance de festejar a data novamente, tanto no parque da Flórida quanto no da Califórnia, com o nome original que continuaria a partir de então, Halloween Horror Nights.

Em 1992, o *The Wall Street Journal* publicou uma reportagem comparando o número de visitantes dos parques de Orlando no ano anterior. Segundo o artigo, a Universal tinha superado a Disney-MGM e recebido pouco menos de 6 milhões de pessoas, já bastante próxima de alcançar o objetivo que Sid Sheinberg havia traçado desde a concepção do projeto. De toda forma, naquele ano, o número subiria quase 1 milhão, superando a meta inicial. Enquanto isso, o complexo Walt Disney World, incluindo os três parques (Magic Kingdom, Epcot e Disney-MGM Studios), atingiria a marca de 28 milhões de visitantes. Em pouco tempo, a Universal tinha conseguido criar novas impressões, substituindo aquela inicial, bastante negativa, e consolidando-se na segunda posição do mercado. Ainda assim, ela era um vice-líder extremamente forte e com um potencial gigantesco de crescimento, porque, naquele momento, a Universal em Orlando era somente um parque temático.

"ESTAMOS ANDANDO PARA FRENTE. O PASSADO FICOU PARA TRÁS."
TOM WILLIAMS

Apesar de estar mais organizado, o projeto na Flórida em 1993 perderia seu idealizador. Desde o início das negociações com a Matsushita, Jay Stein deixou clara sua opinião, totalmente contrária ao desfecho que ocorreu, com a venda da Universal para a companhia japonesa, mesmo que os executivos continuassem em seus cargos. Ele alegou questões pessoais e deixou a empresa, tornando-se consultor independente. Entretanto, seu legado continua presente através de sua visão e de sua dedicação. Mesmo antes de abrir o primeiro parque em Orlando, Jay já trabalhava nos planos para um segundo. Após a surpresa com o anúncio da Disney-MGM Studios, sua ideia era criar algo único para o novo projeto, reunindo os principais e mais conhecidos personagens do planeta. Apesar do seu temperamento difícil, Jay teve uma grande carreira na Universal e conquistou o respeito de todos que aguentaram trabalhar sob sua liderança, conseguindo levar a empresa a um patamar diferenciado na indústria do entretenimento. Naquele mesmo ano, foi anunciado oficialmente o novo projeto, porém com poucos detalhes. Seria uma expansão de bilhões de dólares com a construção desse novo parque, um centro de entretenimento e cinco hotéis. As obras seriam iniciadas em 1995. A Universal deixava de ser um parque temático em Orlando para se transformar em um verdadeiro complexo de entretenimento, capaz de incomodar a Disney que, inevitavelmente, passaria a se preocupar com a possibilidade de ver seu número de visitantes diminuir. Esse foi o grande legado deixado por Jay Stein.

> "SEMPRE FIZEMOS O NOSSO MELHOR TRABALHO PORQUE JAY STEIN EXIGIA DEMAIS. ERA MUITO DIFÍCIL TRABALHAR PARA ELE, MAS ELE NOS GUIOU."
> PETER ALEXANDER

Diferentemente da história da Disney que dependeu muito da criatividade e das decisões de Walt, a Universal nunca teve uma única pessoa comandando sua evolução. Jay Stein faria falta, mas a expansão seguiria mesmo assim. De toda forma, as novidades no parque em funcionamento não podiam parar. Em 1995, a Universal decidiu tentar algo mais direcionado para atrair o público infantil e investiu nos direitos do carismático dinossauro roxo que se destacava como o principal personagem da televisão aberta nos Estados Unidos. A Day in the Park with Barney foi uma aposta certeira e o número de carrinhos de bebês aumentou consideravelmente após a inauguração da atração, confirmando o maior interesse das famílias com crianças pequenas em visitar o parque.

No ano seguinte, mais uma novidade repleta de inovações seria lançada a partir da aquisição dos direitos do filme *O Exterminador do Futuro 2*, com Arnold Schwarzenegger no papel principal. Mark Woodbury, que se tornaria presidente da Universal Creative em 2006, estava frequentemente estimulando a equipe de desenvolvimento a tentar coisas que nunca haviam sido feitas até então. Dessa forma, os limites da tecnologia seriam novamente extrapolados com uma atração em 3D que ainda contava com efeitos especiais e participação de atores reais.

🌎
"ESTAMOS CONSTANTEMENTE DESAFIANDO OS LIMITES COM A TECNOLOGIA."
MARK WOODBURY

Em 1996, tendo aprendido com o complexo da Califórnia, a Universal construiu em Orlando um prédio de estacionamento com capacidade para mais de 9 mil carros, aproveitando melhor a área disponível que, infelizmente, vinha encolhendo devido às vendas que ocorreram durante as trocas de comando da empresa, antes da chegada da Comcast. Três anos mais tarde, uma segunda estrutura também seria incorporada, aumentando a capacidade para um total de mais de 20 mil veículos.

Como um segundo parque sempre esteve nos planos de Jay Stein, conceitos vinham sendo explorados desde a abertura da Universal Studios Florida. Após o anúncio do projeto de expansão, incluindo outro parque temático, hotéis e um centro de entretenimento, faltava somente um parque aquático para dar continuidade àquela concorrência com a Disney. Em 1998, com a compra do Wet 'n Wild, a estratégia estaria completa, já que o complexo da Universal logo estaria em condições de reter os visitantes por mais tempo do que somente um dia, como acontecia até ali. Mesmo com todo o foco na abertura do novo parque, existia uma preocupação em manter o interesse do público na Universal Studios Florida. Assim, em 1998, foi inaugurada a atração Twister... Ride It Out, com a participação dos astros Bill Paxton e Helen Hunt, baseada no filme *Twister*, de 1996. Esse foi mais um enorme desafio, já que a Universal decidiu criar um tornado dentro de um prédio e, ainda por cima, teria que repetir o efeito várias vezes ao dia. A atração foi muito bem recebida, incluindo a famosa cena da vaquinha voando.

Com pouca opção para as crianças, a Universal conseguiu um acordo em 1988 com a Hanna-Barbera de maneira a utilizar alguns dos personagens bastante conhecidos pelo público infantil, tais como os Flintstones, os Jetsons, Scooby-Doo, Zé Colmeia e vários outros. Se a Disney precisou da MGM para compor seu acervo para o parque com tema de Hollywood, a Universal, por sua vez, tinha necessidade de encontrar parcerias que agregassem conteúdo voltado às crianças, principalmente para o que estava por vir.

Quando Jay Stein planejou o segundo parque, ele idealizou o local mais interessante do planeta, contando com personagens consagrados, capazes de atrair todos os tipos de público, das mais diferentes faixas etárias, porque haveria uma identificação imediata e natural. Jay preparou um extenso material com mais de vinte páginas, repleto de detalhes e uma lista de direitos autorais que a Universal precisaria conseguir para viabilizar o projeto. Uma das empresas com a qual ela precisaria fazer um acordo era a Warner Bros., cuja participação faria toda a diferença nos planos, afinal, os personagens da Looney Toones liderados por Pernalonga eram os únicos em condições de confrontar o Mickey e sua turma. Outra empresa que estava no topo dessa lista era a DC Comics, proprietária de vários dos principais super-heróis, como Superman, Aquaman, Mulher Maravilha e Batman.

Com todos esses ícones dos desenhos animados e das revistas em quadrinhos, o novo parque se chamaria Cartoon World. Assim como a Disney havia se reforçado com a MGM para enfrentar a Universal Studios Florida, o Cartoon World se fortaleceria com essas parcerias para encarar o Magic Kingdom. A ideia era criar o melhor parque do mundo, juntando todos os principais personagens que não fossem propriedade da Disney. Não seria uma tarefa fácil, mas certamente era uma tentativa grandiosa que valia o esforço.

"ESTE VAI SER NOSSO PARQUE NÚMERO UM."
JAY STEIN

Apesar de Jay Stein sonhar com um novo conceito de parque temático, as coisas não andaram conforme ele previu. Sid Sheinberg não chegou a um acordo com os executivos da Warner Bros. que, segundo ele, estavam exigindo demais. Dizem que o presidente da MCA ficou tão enfurecido com a forma intransigente com que o pessoal da Warner Bros. negociava, que encerrou qualquer possibilidade ao bradar, de forma nada polida, que eles não precisavam daqueles personagens. Jay, que considerava o acerto interessante apesar da diferença que girava em torno de 2% no valor de participação, acabou vendo seus planos desmoronarem. De certa forma, esse evento também o desmotivou, juntamente à chegada da Matsushita. No final de 1993, já com a certeza de que nenhum personagem da Warner Bros. estaria no novo parque e com Jay Stein aposentado, o nome foi alterado de Cartoon World para Islands of Adventure. Mesmo assim, muito do que Jay havia proposto serviu como base para o trabalho que seria desenvolvido.

Depois, a Universal também acabou falhando para adquirir os direitos junto a DC Comics, mas se mexeu rapidamente e aproveitou o momento difícil que a Marvel atravessava, fechando uma parceria vitalícia para o parque de Orlando, que passava a poder utilizar super-heróis como Homem-Aranha, Incrível Hulk e Capitão América.

Outra nomenclatura que foi alterada antes do lançamento foi a do CityWalk. Inicialmente concebido como Entertainment Zone, ou simplesmente E Zone, o centro de entretenimento com lojas, restaurantes, bares, diversão noturna e cinema foi inaugurado em 1999. Construído na área onde se situava o antigo estacionamento, o CityWalk surgiu com locais cujas marcas eram bastante atrativas, como Hard Rock Cafe, NBA City e Nascar Cafe. Os últimos dois foram substituídos, respectivamente, pela Chocolate Factory e pelo NBC Sports Grill & Brew.

O Islands of Adventure chegaria repleto de novidades, por isso os executivos da Universal sabiam que seria necessário criar mais atrações para a Universal Studios Florida. O grande desafio estava em encontrar profissionais gabaritados para isso, uma vez que, além do Islands of Adventure e do projeto da Universal em andamento no Japão, a Disney também corria com o desenvolvimento de dois novos parques, o Animal Kingdom em Orlando e o DisneySea na cidade de Tóquio. De qualquer forma, em 1999, foi inaugurada uma montanha-russa infantil com o tema do Pica-Pau e, no ano seguinte, a atração Men in Black Alien Attack seria aberta com bastante interatividade, oferecendo ao público a chance de atirar contra alienígenas durante o percurso.

Naquele mesmo ano, finalmente estaria pronto o novo empreendimento. Um parque que se destacaria de todos os outros existentes, inclusive pelo projeto de sons que acompanharia os visitantes na jornada. Aquele era o primeiro local criado com trilha sonora em estéreo, cuidadosamente planejada para não interferir na experiência, ou melhor, para realçá-la, por meio de detalhes e disfarces de maneira a deixar tudo mais natural. Como ícone de entrada foi criado um farol, inspirado numa das sete maravilhas do mundo antigo que servia para orientar navios, o famoso Farol de Alexandria.

No dia 28 de maio de 1999, aconteceria a inauguração do Islands of Adventure, de uma maneira exatamente oposta à abertura da Universal Studios Florida, nove anos antes. Depois de todos os apuros enfrentados com o primeiro parque, todos os cuidados e precauções foram devidamente tomados. Consequentemente, não houve nenhuma grande ocorrência. Quase tudo funcionou conforme o programado, ou melhor, tudo com exceção do marketing. Se em 1990 a promoção havia trazido resultados excepcionais, dessa vez ela não foi tão bem planejada e, muito menos, executada. A demanda foi bem abaixo da esperada e a Universal foi obrigada a assistir a uma grande divisão entre seu público existente, enquanto o aumento de visitantes não ocorreu de imediato.

Nessa época, o complexo se chamava Universal Studios Escape, o que vinha gerando muita confusão, principalmente com relação ao primeiro parque, a Universal Studios Florida. Por isso, foi adotado um nome que exigia menos explicação, facilitando o entendimento dos turistas e que perdura até hoje, Universal Orlando Resort.

Jay Stein não foi convidado para a inauguração. Apesar de seu grande legado deixado na empresa, as outras gestões não se preocuparam em juntar as partes anteriores para construir um legado. De toda forma, Jay teve seu merecido reconhecimento pelo mercado quando entrou para o Hall of Fame da International Association of Amusement Parks and Attractions (IAAPA) naquele mesmo ano. Sua visão, dedicação e comprometimento não ficariam esquecidos na história. Nem poderiam.

O Island of Adventure iniciou suas operações com seis diferentes áreas. O público entraria pelo Port of Entry, onde está localizado o farol, algumas lojas e comércios, antes de poder se aventurar pelo restante do parque, em cuja entrada se lê: "The Adventure Begins".

A Marvel Super Hero Island teria os heróis e vilões da empresa, com duas atrações totalmente inovadoras. A primeira que se destaca aos olhos dos visitantes é a montanha-russa do Incrível Hulk, cuja aceleração logo no início da subida surpreende a todos, enquanto que The Amazing Adventures of Spider-Man revolucionou o mercado, com muitos comentários de pessoas da indústria de que a Universal estava superando a Disney. Entretanto, essa disputa não era alimentada, pelo menos não de maneira direta e oficial.

"NOSSA INTENÇÃO NÃO É TENTAR BATER A DISNEY. NINGUÉM PRECISA GANHAR OU PERDER."
TOM WILLIAMS

A Toon Lagoon traria outro personagem muito conhecido, o marinheiro Popeye, que teria que enfrentar seu arqui-inimigo, Brutus, em meio a muita diversão e uma enorme quantidade de água que encharca aqueles que se aventuram pela atração. Se não bastasse, os visitantes podem se divertir (e se molhar) ainda mais na Dudley Do-Right's Ripsaw Falls, atração baseada no desenho animado *Polícia Desmontada*, de Jay Ward.

Uma das grandes produções de Spielberg também ganharia destaque. A área inspirada em *Jurassic Park* traz uma atração principal que coloca o público no meio do filme, com direito a sustos e trilha sonora, além de outras experiências com dinossauros, incluindo uma opção voadora exclusiva para crianças.

O The Lost Continent foi criado com o intuito de transformar lendas e mitos antigos em realidade. A principal atração dessa área, Poseidon's Fury, foi concebida como uma jornada de descoberta através de um guia que procura seu mestre, liderando os visitantes até o final, numa batalha com alguns efeitos interessantes, inclusive o aumento do local de maneira sutil e surpreendente. Outra criação deixaria o público estupefato: o túnel com água circulando em volta de todos que passam por ali, mas sem deixar ninguém molhado.

A última das áreas do Island of Adventure em sua inauguração foi a Seuss Landing, que segue em atividade. A Universal passou por uma situação semelhante àquela que Walt Disney enfrentou para adquirir os direitos de *Mary Poppins*. Audrey Geisel, viúva de Theodor Geisel, que era mais conhecido como Dr. Seuss, sempre deixou claro que seu marido não queria que suas criações fossem licenciadas, principalmente por empresas ou pessoas conservadoras ou tradicionais demais. Procurada pela Universal, Audrey evitou o encontro enquanto pôde, ignorando até mesmo iniciativas de aproximação realizadas pessoalmente por Steven Spielberg. Contudo, ela se surpreendeu com o projeto quando o viu e até questionou se a Universal seria realmente capaz de tornar tudo aquilo realidade. Foram quase cinco anos desde a primeira tentativa até que o acordo se concretizasse e, novamente, a equipe de criação enfrentaria muitos desafios para pôr esse projeto em funcionamento – o que não surpreende em se tratando de Dr. Seuss, afinal, não existem linhas retas em suas histórias. De toda forma, baseada na máxima de fazer limonadas quando a vida lhe dá limões, a companhia se aproveitou de vários elementos, incluindo palmeiras danificadas pelo furacão Andrew, que atingiu a Flórida em 1992, replantando-as nessa área de maneira que elas se encaixaram perfeitamente no conceito após suas deformações.

Pouco tempo depois da abertura de seu segundo parque em Orlando, a Universal enfrentou dois grandes baques. O primeiro foi com mais uma troca de comando, quando a Vivendi assumiu o controle da operação em 2000. O outro foi o ataque terrorista que abalaria o mundo inteiro no dia 11 de setembro de 2001. Os números cairiam significativamente por causa daquela tragédia, e, a partir dali, novos procedimentos de segurança seriam adotados, com muito mais rigorosidade. A diminuição de visitantes aos parques não intimidou a Universal, que decidiu seguir com alguns projetos que já estavam em andamento. Tom Williams, com mais de três décadas de experiência, sabia que as oscilações do mercado afetam mais fortemente as companhias que se preocupam apenas com resultados de curto prazo.

> ## "ESTAMOS MUITO CONFIANTES NO NEGÓCIO E SOMOS JOGADORES DE LONGO PRAZO."
> ### TOM WILLIAMS

Não havia alternativa a não ser seguir adiante. Sendo assim, em 2003, mais uma atração seria inaugurada: Shrek 4-D colocaria os visitantes no meio da ação através de óculos com efeitos tridimensionais, poltronas articuladas que trariam maior interação seguindo o desenrolar do filme, além de efeitos com água e outras surpresas que seguem encantando o público. Utilizando uma estratégia para dividir os investimentos entre os diferentes parques, essa foi uma atração lançada simultaneamente em Orlando, em Hollywood e no Japão. Sete anos mais tarde, em 2010, também seria inaugurada na Universal Studios Singapore.

No ano seguinte, foi a vez de uma montanha-russa fechada baseada na franquia de filmes *A Múmia*, com participação especial do ator Brendan Fraser na atração, que também foi aberta praticamente ao mesmo tempo em Orlando e Hollywood. Contudo, 2004 marcaria a chegada da GE para comandar o negócio; com isso, restrições, contenções e uma pausa no desenvolvimento de novidades passaram a ser a regra. Se o sonho da Universal em competir de maneira mais efetiva com a Disney tinha mostrado sinais de que era possível, aquele novo posicionamento estratégico estava prestes a dificultar as projeções futuras.

Em 2007, o Blue Man Group passou a ser um espetáculo fixo no Universal Orlando Resort, com um teatro montado nos antigos estúdios que a Nickelodeon havia ocupado até 2005[2]. Apesar da resistência da GE em realizar novos investimentos, a proposta da Universal sempre foi trazer o público para dentro das produções, buscando oferecer novas atrações com frequência e acompanhando os lançamentos do cinema. Portanto, a única opção era investir para que os visitantes não perdessem o interesse. Alguns anos tinham se passado sem que nenhuma novidade fosse desenvolvida ou divulgada. Porém, uma reviravolta estava por vir.

Harry Potter vinha fazendo enorme sucesso no mundo inteiro, pois além da repercussão desde o primeiro livro da série, os filmes produzidos pela Warner Bros. também tinham conquistado os cinemas em todos os continentes. Após ter assinado uma carta de intenções com a Disney para a criação de atrações baseadas nas histórias de Harry Potter, a autora J. K. Rowling deixou claro que participaria de todos os planos e teria que concordar com o desenvolvimento do projeto para que fosse mantida a veracidade de seus livros nos parques, assim como havia feito com os filmes. Conforme o tempo passou, a Disney acabou desistindo, alegando que as exigências de Rowling impossibilitavam a continuidade. Foi então que a Universal assumiu o posto, aceitando as sugestões da escritora, incluindo a participação de Stuart Craig e Alan Gilmore, responsáveis por levar as histórias dos livros para as telas do cinema, de forma a garantir a construção de todos os detalhes. Rowling se encantou com as propostas do pessoal de criação da Universal e ficou confiante com o resultado que aquele esforço conjunto projetava.

---

2   Infelizmente, a continuidade das apresentações do Blue Man Group chegaria ao final de forma bastante triste. Devido à pandemia do coronavírus que se espalhou pelo mundo em 2020, o Blue Man Group decidiu encerrar definitivamente suas performances em Orlando no início de 2021.

> 🌎
> **"OS PLANOS QUE VI SÃO INCRIVELMENTE EXCITANTES E NÃO ACHO QUE OS FÃS DOS LIVROS OU DOS FILMES FICARÃO DESAPONTADOS."**
> **J. K. ROWLING**

Apesar dos investimentos altos que a nova área The Wizarding World of Harry Potter iria demandar, a economia continuaria. Em 2008, foi inaugurada a atração The Simpsons Ride. Para manter a estratégia de contenção de custos, a equipe da Universal fez toda a troca de tema e pequenas alterações na estrutura desenvolvida para Back to the Future: The Ride, investindo em poucos elementos, como a melhoria da qualidade da imagem. Os principais dubladores da série animada novamente emprestaram suas vozes aos personagens nessa versão, que também contou com a participação dos criadores dessa complexa família, Matt Groening e James L. Brooks.

Talvez pensando numa possível venda, a GE resolveu investir numa nova montanha-russa que inaugurou em 2009. A Hollywood Rip Ride Rockit trouxe tecnologias inéditas e virou uma referência para a Universal Studios Florida com seu visual particular e inovador. Nesse ano, também começaram as conversas com a Comcast.

Chegou o ano de 2010, quando houve a inauguração do The Wizarding World of Harry Potter. Os atores Daniel Radcliffe (Harry Potter), Rupert Grint (Ron Weasley) e Emma Watson (Hermione Granger) voltaram aos seus papéis da adaptação ao cinema para uma participação na principal atração da área. Harry Potter and the Forbidden Journey foi construída dentro do castelo de Hogwarts, com muitas surpresas tecnológicas, inclusive recriando os retratos nas paredes que se movem como nos filmes. Outras duas atrações foram lançadas, aproveitando estruturas que já estavam operando, com pequenas atualizações. O Flying Unicorn virou o Flight of the Hippogriff, enquanto que Dueling Dragons se transformou no Dragon Challenge (fechado em 2017).

Criada com base em Hogsmeade, a modesta vila próxima a Hogwarts, escola onde estudavam os pequenos bruxos, a área encantou os fãs, que se esbaldaram com tantos detalhes e a forma como os livros e os filmes ganharam vida. Obviamente, o sucesso foi enorme, superando as expectativas. O melhor é que ainda tinham mais dois filmes a serem lançados. Com o crescimento significativo no número de visitantes, a Universal foi positivamente surpreendida com a explosão de receitas, a partir das vendas de produtos da franquia e também do aumento na ocupação de seus hotéis, os quais possibilitavam aos hóspedes uma entrada mais cedo no parque. Nessa época, três estavam em funcionamento: o Loews Portofino Bay (1999), o Hard Rock Hotel (2001) e o Loews Royal Pacific (2002). Juntos, eles ofereciam 2.400 quartos, todos num padrão mais elevado.

"PRECISAMOS DE MAIS QUARTOS DE HOTEL PARA CONSTRUIR O RESORT."
TOM WILLIAMS

Com todo o destaque que o Islands of Adventure estava obtendo, a Universal Studios Florida necessitava de alguma novidade para manter a relevância. E precisava ser rápido. Dessa maneira, a atração baseada no filme *Transformers*, que havia sido lançada na Universal Studios Singapore em 2011 e replicada com maestria no ano seguinte em Hollywood, se tornou uma excelente alternativa, sendo inaugurada em 2013.

Tudo o que estava bom poderia melhorar. E muito! Percebendo os longos períodos que o público se entretinha com os detalhes criados em torno de Hogwarts, a equipe da Universal entendeu que valeria a pena oferecer mais das histórias de Harry Potter. A ideia principal foi recriar o Diagon Alley, retratando a parte inglesa dos livros, já que Hogsmeade está situada na Escócia. Foi aí que surgiu um impasse, pois áreas tão distintas e distantes não deveriam ficar juntas para não comprometer o encanto. Quando Mark Woodbury, presidente da Universal Creative, sugeriu que Diagon Alley fosse construído no outro parque, os outros executivos descartaram a sugestão de imediato, considerando aquela ideia totalmente absurda. Porém, minutos depois, todos consideraram aquilo genial porque manteria a veracidade da história com o distanciamento das localidades e criaria uma oportunidade de negócio incrível, já que o público teria que visitar também a Universal Studios Florida para curtir as atrações do pequeno bruxo e sua turma. Assim, mais ingressos de ambos os parques seriam vendidos, principalmente aqueles que davam direito a entrar nos dois em um único dia.

Faltava apenas um elemento: ligar as duas áreas sem ter que fazer os visitantes saírem de um parque, andarem pelo CityWalk e chegarem ao outro. Entretanto, essa solução foi relativamente fácil, já que na própria história há um trem que realiza essa ligação. O desafio foi criar algo atrativo e que não mostrasse os bastidores dos parques. No final, o resultado trouxe ainda mais imersão no mundo de Harry Potter. As janelas foram desenvolvidas com telas digitais que oferecem muitos elementos da narrativa de J. K. Rowling, mas as projeções são diferentes, de acordo com o trajeto que os visitantes realizam.

Diagon Alley, por si só, transformou-se em uma grande atração, mas ainda assim faltava algo especial. Como aconteceu com Harry Potter and the Forbidden Journey criada dentro do castelo de Hogwarts, uma novidade foi desenvolvida dentro do banco dos bruxos como chamariz principal. Harry Potter and the Escape from Gringotts traria uma combinação de quase todas as tecnologias utilizadas até ali. Se não bastasse, o dragão que guardava os cofres dos filmes foi posicionado no topo do prédio cuspindo fogo, normalmente a intervalos de quinze minutos, para delírio dos visitantes.

> **"COMBINAMOS TECNOLOGIAS QUE DÃO VIDA À HISTÓRIA DE UMA MANEIRA REALMENTE ÚNICA E SEM NENHUM PRECEDENTE."**
> **MARK WOODBURY**

Além do Halloween Horror Nights, a Universal promove outros eventos sazonais em Orlando, como o Mardi Gras, inspirado nas comemorações que ocorrem em New Orleans e que remetem ao Carnaval brasileiro; o Grad Bash e o Gradventure, que são eventos separados para aqueles que estão se formando no middle e no high school de escolas nos Estados Unidos; o festival de músicas cristãs Rock the Universe e a Holiday Parade featuring Macy's, em comemoração aos feriados de Thanksgiving – o Dia de Ação de Graças – e de Natal.

A Universal já tinha se tornado um destino de vários dias e o desafio, agora, era conseguir manter o público por mais tempo em sua propriedade, aumentando a duração média dessas estadias de maneira significativa. Então, o passo inevitável foi construir mais hotéis e, obviamente, com valores mais acessíveis. Em 2014, o Cabana Bay abriu com 1.800 quartos, aumentando a oferta de hospedagem no Universal Orlando Resort em 75% (mais quatrocentos quartos seriam adicionais em 2017). Ainda assim, não bastava. Em 2016, foi inaugurado o Loews Sapphire Falls com mil quartos e, dois anos depois, o Aventura Hotel, com mais seiscentos. Outras duas torres seriam construídas para formar o Endless Summer Resort, com um conceito ainda mais simples para atrair, inclusive, as pessoas que buscavam maior economia. Atualmente, a Universal oferece um total de 9 mil quartos.

Seguindo adiante, as novidades não paravam, e um espetáculo noturno foi lançado em 2018. O Cinematic Celebration acontece no lago da Universal Studios Florida com projeções de trechos de filmes consagrados em telões formados por jatos de água, acompanhados de suas trilhas sonoras num verdadeiro show de encantamento, unindo clássicos do cinema com produções mais recentes.

Em 2019, a montanha-russa mais longa da Flórida foi criada de forma inovadora, com mais de 1,5 quilômetro de extensão. Hagrid's Magical Creatures Motorbike Adventure faz o público ser arremessado várias vezes, procurando espelhar as falhas que a motocicleta do personagem Hagrid mostra nas histórias. No ano seguinte, Bourne Stuntacular novamente reuniu muita tecnologia e atores reais no mesmo teatro onde existia a atração Terminator 2-3D: Battle Across Time, em uma apresentação ainda mais impressionante. Em 2021, a montanha-russa Jurassic World VelociCoaster foi mais um desenvolvimento de tirar o fôlego, literalmente, sendo a mais alta e a mais rápida de toda a Flórida.

Apesar de tudo ter começado em Hollywood e de todo o sucesso de Islands of Adventure, a Universal Studios Florida se tornaria o parque padrão para as internacionalizações. Obviamente, elementos de ambos os parques de Orlando seriam incorporados nas futuras criações, inclusive com atrações sendo desenvolvidas para as outras localidades e sendo incorporadas posteriormente na Flórida ou com projetos integrados entre mais de um dos parques.

Quando Sid Sheinberg acreditou que Michael Eisner poderia ser o parceiro ideal para o projeto em Orlando, ele se enganou completamente. Entretanto, talvez a Universal não conseguisse alcançar as proporções atuais se Eisner tivesse agido de maneira diferente. Independentemente de qualquer coisa, a Universal cresceu, tomou forma e agora caminha a passos cada vez mais largos, oferecendo uma aventura emocionante para seus visitantes.

> ### "JÁ DEMONSTRAMOS QUE PODEMOS TER O NOSSO PRÓPRIO LUGAR AO SOL."
> SID SHEINBERG

Nos próximos anos, a Universal planeja um terceiro parque temático. Batizado de Epic, ele estará numa área um pouco mais ao sul daquela em que se encontram as principais atrações atualmente. Os novos hotéis (Endless Summer) já estão num terreno próximo, porém fora do complexo. A nova região possui aproximadamente o mesmo tamanho onde atualmente está situado o Universal Orlando Resort, que engloba o CityWalk, a Universal Studios Florida, o Islands of Adventure, o Volcano Bay e todos os outros hotéis, deixando a impressão clara de que esse é apenas um novo começo com muitas novidades que certamente o tempo revelará. Com relação ao Epic, suspeitas giram em torno de uma área tematizada com os personagens da Nintendo, inspirada nos famosos jogos da série Mario Bros., devido ao lançamento que ocorreu no Japão. Outra desconfiança a respeito do Epic surgiu depois que patentes foram registradas pela Universal Creative, indicando que o novo parque traga um possível simulador baseado na série de animação *Como Treinar o Seu Dragão*. Além disso, mais quartos de hotéis certamente serão construídos para dar conta do número de visitantes, que deverá continuar crescendo, e do desejo da companhia de se manter constantemente atualizada.

Independentemente do que venha pela frente, existe a certeza de que Orlando seguirá atraindo muitos milhões de visitantes todos os anos, afinal, o público terá cada vez mais opções de entretenimento da melhor qualidade. E, inevitavelmente, também a necessidade de ficar mais tempo na cidade para poder aproveitar todas elas!

XII – UNIVERSAL PELO MUNDO

Quando Jay Stein olhou para a expansão na Flórida, ele não tinha noção do quanto iria aprender nem do potencial daquela ideia. Entretanto, ao deixar a Universal de maneira completamente fora dos padrões pelo fato de se encontrar no auge da carreira quando a Matsushita assumiu, ele sabia exatamente o legado que havia construído e como aqueles planos seriam facilmente replicados em outros continentes.

O primeiro projeto internacional aconteceu na Espanha, poucos anos depois, antes mesmo da inauguração do Islands of Adventure em Orlando. A Universal se associou a outras empresas, inclusive do mercado de entretenimento, criando seu primeiro parque fora dos Estados Unidos. Mesmo com as atividades bem adiantadas para a inauguração de seu segundo parque na Flórida, a empresa também já se preparava para debutar no Japão.

Era só o começo de uma jornada que se consolidaria alguns anos mais tarde, mas conhecendo toda a história da Universal e suas trocas de comando, fica fácil imaginar que não seria um caminho nem um pouco tranquilo. Obviamente, também não há dúvidas de que seria repleto de desafios, descobertas e, claro, muitas aventuras!

UNIVERSAL MEDITERRANEA

Quando a Disney abriu seu primeiro parque na Europa em 1992, a França, país escolhido para a Disneyland, não havia sido o único local a ser considerado. Depois de uma análise detalhada, a Espanha se mostrou outra opção com bastante potencial, mas acabou descartada. Dessa forma, os espanhóis buscaram outra alternativa de entretenimento e a solução encontrada três anos mais tarde, veio através de um consórcio que reuniu as empresas Anheuser-Busch, Tussauds Group e La Caixa para abrir o parque temático Port Aventura na região da Catalunha. A Anheuser-Busch ficou responsável pela administração devido a sua experiência operacional com os parques SeaWorld e Busch Gardens nos Estados Unidos.

Em 1995, a Universal faria um investimento para se tornar o sócio majoritário nessa operação na Espanha, passando a administrar o parque e alterando seu nome para Universal's Port Aventura. A concorrência acirrada com a Disney cruzava o oceano Atlântico e chegava ao velho continente. Mais tarde, em 2002, também seria inaugurado um parque aquático e dois hotéis, fazendo da área um verdadeiro complexo de entretenimento que passou a utilizar uma nomenclatura própria, Universal Mediterranea.

Para promover o destino, foi criada uma ação irreverente que reforçava o DNA repleto de aventura dos parques da Universal, forjado durante a gestão da MCA. O vídeo trazia o personagem Pica-Pau escalando um prédio. Chegando ao topo, o famoso pássaro de cabeça avermelhada se joga de lá do alto amarrado a uma corda, revelando um cartaz enorme que cobria todo o edifício, destacando o Universal Mediterranea e seus dois parques na época, o Universal Studios Port Aventura e o Universal Costa Caribe.

Em 2004, após a GE assumir a empresa, a Universal vendeu toda sua participação para o grupo espanhol La Caixa, instituição financeira fundada em 1990 após a fusão de duas empresas bastante tradicionais da Espanha, uma fundada em 1844 e a outra em 1904. Logo em seguida, em 2005, eles deixariam de usar a marca Universal.

Atualmente, o complexo se chama PortAventura World Parks & Resort e conta com dois parques temáticos (PortAventura Park e Ferrari Land, este aberto em 2017), um parque aquático (Caribe Aquatic Park) e sete hotéis. O número de visitantes cresceu nos últimos anos, superando a marca de 6 milhões em 2019.

UNIVERSAL STUDIOS JAPAN

Quando a Seagram adquiriu a Universal, Edgar Bronfman Jr. pensava grande e queria investir na expansão dos parques. Além da Flórida, ele também se animou com os planos que viu sobre uma versão no Japão e deu o sinal verde. Inaugurada no dia 31 de março de 2001 na cidade de Osaka, a propriedade não conta com nenhum hotel próprio, mas oferece alternativas com parcerias que estão disponíveis através de seu site oficial.

O parque se mostrou um sucesso desde o início e, logo no primeiro ano, ultrapassou a marca de 10 milhões de visitantes. Apesar de oferecer muitas atrações similares aos parques de Hollywood e de Orlando, a versão em Osaka apresenta algumas opções diferenciadas, além de ser pioneira em alguns lançamentos, como a novíssima área Super Nintendo World.

Em 2021, em meio às comemorações dos vinte anos do parque, a Universal Studios Japan inaugurou uma área inspirada nos personagens dos videogames da empresa japonesa Nintendo. Para acessá-la, as pessoas precisam espelhar a jornada dos irmãos Mario e Luigi, passando através de um portal em formato de cano, como nas aventuras vividas pelos dois encanadores nos jogos. Os visitantes que literalmente entrarem pelo cano poderão conferir uma produção extremamente detalhada, com atividades interativas e atrações únicas, como uma versão do conhecido jogo Mario Kart.

Do lado externo do parque está o Universal CityWalk Osaka. Com o mesmo conceito daqueles em funcionamento na Flórida e na Califórnia, o centro de entretenimento é composto de um prédio de cinco andares, os dois inferiores de estacionamento enquanto que nos outros há diversas opções de gastronomia e comércio.

UNIVERSAL STUDIOS SINGAPORE

O segundo parque da Universal na Ásia está situado na Ilha de Sentosa em Singapura, mas sua administração é feita pelo Resort World, empresa do conglomerado da Malásia, Genting Group. Independentemente de qualquer coisa, os visitantes podem curtir as atrações mundialmente famosas e todos os principais personagens.

Em 2010, quando as obras estavam quase finalizadas, o parque decidiu abrir seus portões por uma semana em comemoração ao ano-novo chinês. Apesar de ser somente no final do dia e sem que nenhuma atração estivesse em funcionamento, os ingressos se esgotaram em apenas dois dias, um claro indicativo do sucesso que aquela iniciativa traria. Sua inauguração oficial ocorreu no dia 28 de maio de 2011, após um *soft-opening* que durou um ano e dois meses.

UNIVERSAL STUDIOS DUBAILAND

Em 2007, a Universal se uniu ao grupo Dubai Holding para construir um parque temático nos Emirados Árabes. Um portão de entrada em forma de arco, similar ao dos parques de Hollywood e Orlando, foi instalado com o logotipo do projeto, Universal Studios Dubailand. Porém, com a crise do mercado imobiliário que estourou pouco tempo depois, os planos acabaram sendo adiados por período indeterminado e a inauguração, originalmente prevista para 2010, suspensa.

Conforme as coisas se normalizavam, as conversas foram retomadas em 2010 e 2011. Tudo indicava que o projeto sairia do papel. Entretanto, apesar de incentivos oferecidos pelo primeiro-ministro, nenhuma obra foi iniciada e, no ano de 2016, a Universal descartou oficialmente qualquer possibilidade de continuidade.

UNIVERSAL STUDIOS KOREA RESORT

Também em 2007, a Universal anunciaria a abertura de outro complexo na Ásia com dois parques, um temático e outro aquático, campo de golfe e hotéis, dessa vez na cidade de Hwaseong, pouco menos de cinquenta quilômetros ao sul de Seul, capital da Coreia do Sul. A abertura era estimada para 2012, mas a crise que afetou o plano em Dubai também atrapalhou este projeto da mesma forma.

Os atrasos foram inevitáveis e a data de inauguração foi suspensa. Em janeiro de 2010, o empreendimento foi apresentado oficialmente em um evento que contou com a participação de Tom Williams e de Kim Moon-soo, governador da província de Gyeonggi onde se situa Hwaseong. A inauguração agora estava prevista para 2014, mas as obras não foram iniciadas e aquela iniciativa acabou sendo descartada em 2012. Alguns anos depois, houve indícios de que novas conversas estavam sendo realizadas no intuito de retomar os planos, e até chegou a circular uma notícia de que o parque na Coreia do Sul se tornaria uma realidade em 2020. Contudo, isso não se concretizou, mas um novo empreendimento na Ásia estaria por vir.

UNIVERSAL STUDIOS MOSCOW

Apesar de alguns reveses, a expansão da Universal para outros continentes prosseguiu, e desde que a empresa saiu do PortAventura na Espanha, ela não deixou de avaliar novas oportunidades na Europa. Em 2012, foi anunciada uma nova parceria, dessa vez para a construção de um parque totalmente coberto na cidade de Moscou na Rússia. Infelizmente, o projeto não se desenrolou da maneira esperada, entre outros fatores pela falta de definição de um local apropriado, e acabou não saindo do papel.

UNIVERSAL BEIJING RESORT

Apesar de todas as incertezas que a pandemia do coronavírus trouxe ao mundo em 2020, a Universal continuou com as obras de seu terceiro parque na Ásia. Depois de ter sido anunciado em 2014, o novo complexo, que se situa em Beijing, capital da China, teve sua inauguração em 2021.

Utilizando uma área superior a todos os outros complexos, o Universal Beijing Resort debutou com um parque temático, uma versão do CityWalk e mais dois hotéis oficiais. Projetam-se ainda mais novidades para um futuro não muito distante, como outro parque temático e um parque aquático. Experiências foram desenvolvidas especialmente para refletir a cultura chinesa, tanto fora quanto dentro dos parques.

Os estúdios de Hollywood sempre foram o principal tema dos parques da Universal e, como não poderia deixar de ser, eles possuem grande destaque sendo a referência para uma das sete áreas criadas. Steven Spielberg, que desde o início do projeto na Flórida atuou como consultor criativo da empresa, nunca escondeu sua admiração pelo trabalho do diretor chinês Zhang Yimou. Para o complexo em Beijing, eles finalmente tiveram a oportunidade de unir suas mentes brilhantes para retratar a cultura popular, tanto do Ocidente quanto do Oriente.

Harry Potter continua sendo um dos grandes chamarizes dos parques da Universal pelo mundo e, portanto, novamente aparece com uma área exclusiva. Confirmando o sucesso da atração, o filme *WaterWorld: O Segredo das Águas* também foi inspiração para uma das áreas, assim como os Minions, personagens mais irreverentes e queridos no portfólio da Universal. Vale ressaltar que estas duas últimas não são inéditas, já que estão presentes na Universal Studios Japan também. Jurassic World Isla Nublar explora mais a fundo os últimos filmes da série de dinossauros criada por Steven Spielberg com base nos livros de Michael Crichton. Outro tema que tem feito bastante sucesso e recebe maior ênfase em Beijing é o de *Transformers*, ganhando uma área completa e, consequentemente, novas atrações.

A sétima e última área é destinada ao filme *Kung Fu Panda*, cujo enredo se passa na China, incluindo tradições e, obviamente, artes marciais. Essa é mais uma das ações especialmente pensadas e desenvolvidas para reforçar e destacar experiências que exaltem e reflitam a cultura chinesa no complexo.

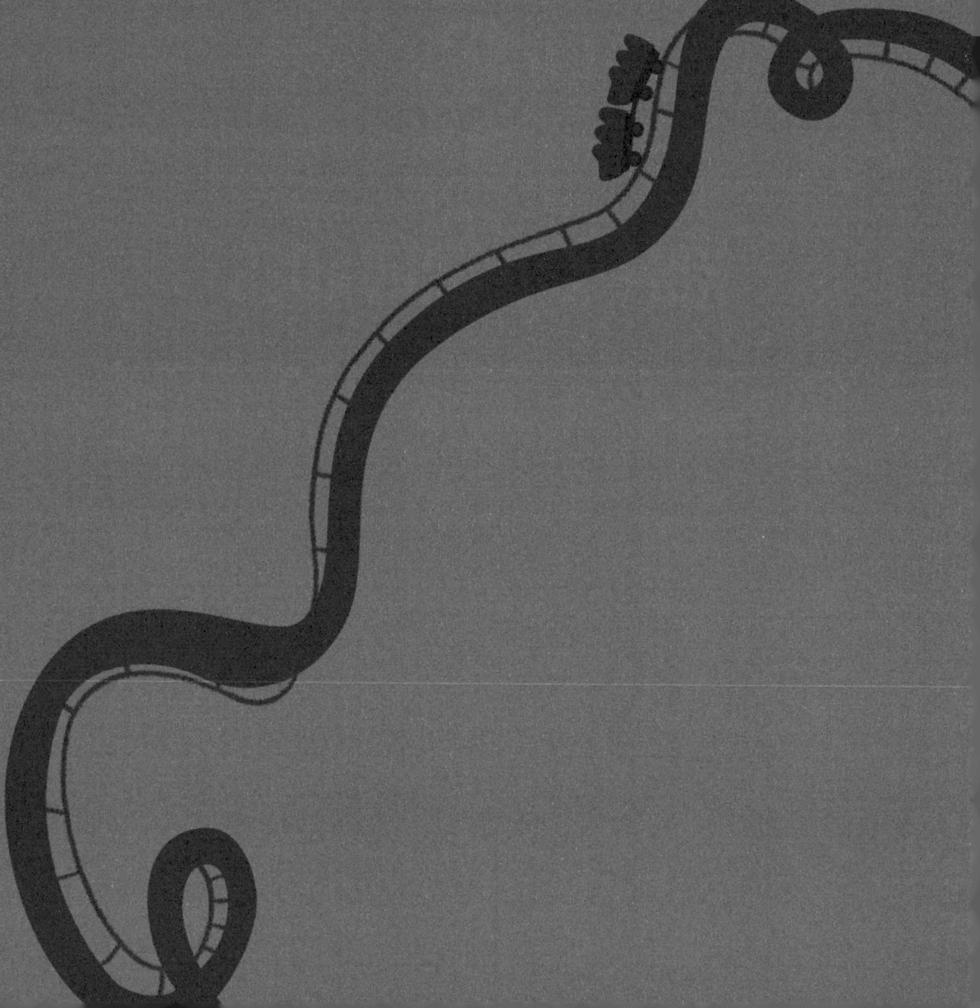

XIII – CURIOSIDADES

OS MAIS ANTIGOS DO MUNDO

Considerando os maiores estúdios do mundo, a Universal é o quarto mais antigo da história e o primeiro a ser fundado nos Estados Unidos. Antes dela, vieram os franceses Gaumont Film Company (1895) e Pathé (1896), seguidos pela companhia dinamarquesa Nordisk Film (1906).

O PRIMEIRO CONCORRENTE AMERICANO

Outra curiosidade é que o segundo estúdio mais antigo dos Estados Unidos, a Paramount Pictures, foi fundado como Famous Players Film Company no dia 8 de maio de 1912, apenas oito dias depois que Carl Laemmle liderou a criação da Universal. O responsável foi Adolph Zukor, que assim como Carl, também possuía alguns Nickelodeons na época da Motion Pictures Patents Company, o monópolio construído por Thomas Edison.

NASCE UMA ESTRELA

O primeiro filme a fazer propaganda colocando atores em evidência foi *The Broken Oath* (1910), de uma forma bastante inusitada. Para o filme produzido pela IMP, empresa que Carl Laemmle havia criado para confrontar o monopólio de Thomas Edison, ele convidou Florence Lawrence e sugeriu promover a atriz, contrariando as práticas correntes até então. Depois de espalhar um boato de que ela havia morrido atropelada em Nova York, a IMP recebeu bastante atenção da mídia. A mentira só foi desvendada através de anúncios nos jornais com uma foto de Florence, confirmando que ela estava viva e que seria o destaque da nova produção. Assim, Florence ficaria conhecida como a primeira estrela do cinema, definição que estampa, inclusive, sua lápide. Sua morte ocorreu em 1938, por suicídio, após contrair uma doença nos ossos, ainda sem cura, que lhe causou anemia e, consequentemente, muitas dores e depressão.

CLÁSSICOS DO CINEMA

Apesar de ganhar fama com o musical de Andrew Lloyd Weber na Broadway, o romance *O Fantasma da Ópera* escrito pelo francês Gaston Leroux, teve sua primeira adaptação ao cinema pela Universal em 1925, ainda sem som, numa produção de Carl Laemmle.

Quando Carl Junior lançou *Frankenstein* em 1931, reforçando seu talento com filmes de horror, ele não foi o primeiro a utilizar o personagem criado por Mary Shelley. Havia uma versão anterior datada de 1910, produzida pelos estúdios de Thomas Edison.

O SOM DA DISNEY VEIO DE UM FUNDADOR DA UNIVERSAL

Após Carl Laemmle se tornar o único dono da Universal em 1915, alguns de seus ex-sócios continuaram no mercado, caso de Pat Powers. Ele havia sido um dos cofundadores da Universal em 1912, mas sua trajetória deixou muitas dúvidas em relação a sua maneira de fazer negócios, muitas vezes sendo acusado de golpista.

Quando Walt Disney criou o Mickey Mouse, pouco tempo depois de sofrer nas mãos de Charles Mintz, sua ideia era que o novo personagem tivesse sons e, assim, se destacasse entre as animações da época. A solução que encontrou, o Power's Cinephone, estava sendo comercializada por Pat. O acordo foi selado e Pat também passou a distribuir as animações de Walt. Sem conhecer sua fama, Walt foi surpreendido logo após firmarem a parceria, quando Pat exigiu alterações nos valores para se beneficiar. Contudo, o mais chocante nessa história é que o Power's Cinephone havia sido copiado de uma pequena empresa que passava por dificuldades financeiras e nem sequer conseguiu processá-lo pelo uso da patente.

BROADWAY EM HOLLYWOOD

Em 1930, a comédia *Once in a Lifetime* montada na Broadway satirizou os estúdios de Hollywood com grande sucesso. Um magnata megalomaníaco representava os produtores e donos dos estúdios, mas Carl Laemmle não se incomodou. Pelo contrário, ele decidiu comprar os direitos para produzir um filme que, segundo ele, serviria para a indústria rir dela própria. Dois anos depois da peça, o público se divertiria com a história nas telas do cinema.

A CAMINHO DO VELHO OESTE

As pessoas sempre gostaram de filmes faroeste, e Carl Laemmle era uma delas. Portanto, ao montar os estúdios na Califórnia, ele construiu uma cidade permanente com estábulos, barracão e todos os detalhes do Velho Oeste para que as produções sobre o tema fossem exploradas com frequência. O mais interessante, porém, era o fato de não ser necessário ir a nenhum outro local para as tomadas externas, pois o terreno da Universal Studios City era mais um elemento que funcionava perfeitamente nessas filmagens, que lançariam grandes nomes como Harry Carey e John Wayne.

O PRESIDENTE DO VELHO OESTE

Quando a Universal decidiu lançar uma terceira versão do filme *Com a Lei e a Ordem* em 1953, um ator pouco explorado nos temas de Velho Oeste foi recrutado. Ronald Reagan já tinha uma carreira relativamente longa e, apesar de ser um exímio cavaleiro, o futuro governador da Califórnia e presidente dos Estados Unidos nunca tinha protagonizado um herói de faroeste até aquele momento.

COMO BATIZAR UM TUBARÃO?

Quando Steven Spielberg lançou *Tubarão* em 1975, o grande predador branco do filme que aterrorizou Amity Island foi batizado como Bruce. Vinte e oito anos mais tarde, a Disney lançaria a animação *Procurando Nemo*, que narra as aventuras de um peixe-palhaço em busca de seu filho. Durante essa jornada, ele enfrenta diversos desafios e conhece outras criaturas pelos oceanos, uma das quais um grande tubarão branco. Seu nome? Bruce.

SHERLOCK HOLMES

Na década de 1940, Basil Rathbone, um ator nascido na África do Sul, se destacou no papel do famoso detetive britânico Sherlock Holmes. Se ele ainda é lembrado por suas atuações nos filmes produzidos pela Universal, o mérito pode ser atribuído à MCA, que agenciava o ator e viria a assumir a empresa duas décadas mais tarde. A grande sacada foi ter conseguido reunir, em um único pacote bastante diferenciado para a época, uma exposição sem precedentes com produções de cinema, séries de rádio e programas de televisão.

O FILHO DA MINNIE NA CONCORRÊNCIA

Walt Disney criou a Minnie em 1928, numa estreia junto àquele que se revelaria seu personagem de maior sucesso, o Mickey. Poucos sabem, mas ela quase nunca utilizou seu nome real, Minerva Mouse, afinal, todos só a conhecem por seu gracioso apelido. Quando a MCA assumiu a Universal mais de trinta depois, Lew Wasserman ocupava o cargo de presidente. Duas décadas mais tarde, a empresa se transformaria no maior concorrente da Disney. Coincidência ou não, a mãe de Wasserman era uma imigrante russa que se chamava Minnie Chernick.

THE OCTOPUS

Jules Stein havia criado uma agência de talentos com tanta maestria e inteligência que não demorou muito a oferecer de tudo – bandas, cantores, atores, escritores, etc. Dessa forma, não importava o evento, sempre havia um cliente da MCA, que acabou ficando conhecida na década de 1940 como O Polvo, justamente pelos vários braços de negócios da empresa.

TELEVISÃO

Assim como Walt Disney, Lew Wasserman foi um dos poucos que enxergaram uma grande oportunidade quando a televisão surgiu, enquanto que a maioria da indústria se sentia ameaçada. No final da década de 1950, com a ajuda de Ronald Reagan, então presidente da SAG (Screen Actors Guild), a MCA conseguiu transpor a barreira da legislação vigente e passar a produzir conteúdo para a televisão ao mesmo tempo que agenciava artistas. Walt Disney, por sua vez, alguns anos antes, se aproximou daquele novo meio de comunicação que o ajudou a obter parte fundamental do capital que utilizaria na construção da Disneyland em 1955. Com cobertura da rede ABC, que utilizou 22 câmeras, algo totalmente inédito para a época, o jornalista encarregado das apresentações ao vivo do evento, diretamente do parque, curiosamente, foi Ronald Reagan.

MUDANÇA DE NOME

A empresa japonesa Matsushita Electric Industrial Company foi fundada em 1918 na cidade de Osaka, onde, atualmente, opera um parque da Universal. Conforme crescia, sua diversidade de produtos também aumentava. Em 1955, criou a Panasonic, inicialmente direcionada à indústria do áudio. Seu objetivo era conseguir explorar oportunidades fora do Japão com uma marca mais cosmopolita e reduzir barreiras culturais. Quando a Matsushita comprou a MCA, seu nome remetia muito ao país oriental. Além das culturas distintas, os japoneses sentiram que uma marca mais amistosa poderia ter ajudado a desenvolver melhores relações com a imprensa e o público nos Estados Unidos. Se isso influenciou ou não, o fato é que, com o grande sucesso da Panasonic, ela ganhou tamanha relevância ao longo dos anos a ponto de a Matsushita virar, em 2008, Panasonic Corporation.

UNIVERSAL MUSIC GROUP

A história da Universal é bastante conturbada, com muitas trocas de liderança e algumas negociações complexas. Um fato que muitas vezes passa batido é que a Universal Music Group não faz parte do conglomerado que hoje é de propriedade da Comcast. Fundada em 1934 como Decca Records, a companhia teve outros nomes conforme o controle foi mudando de mãos, como MCA Music Entertainment Group. Porém, a nomenclatura atual vem desde 1996 sob o comando da Seagram, quando Edgar Bronfman Jr. decidiu realizar várias alterações. Quatro anos mais tarde, a Vivendi faria a aquisição da Universal e se tornaria a nova proprietária de todas essas empresas e seguiria assim até 2004. Quando a General Electric criou a NBC Universal após a negociação com a Vivendi, a Universal Music Group não entrou no acordo e continua sendo parte da corporação francesa.

AS HISTÓRIAS SE CRUZAM MESMO SEM SE CRUZAR

Quando Walt Disney considerou abrir seu primeiro parque na costa leste americana, ele decidiu testar a ideia durante a Feira Mundial de 1964 em Nova York. Com isso, ele conseguiu fornecer atrações para quatro diferentes pavilhões. Um deles contou com o Carousel of Progress, teatro redondo em que a plateia é movida a cada cena e os palcos são fixos numa sequência que explora a evolução da eletricidade e da tecnologia através da visão de uma família tradicional americana. O patrocinador dessa atração que, posteriormente, seria instalada na Disneyland da Califórnia antes de ser transferida em definitivo para o Magic Kingdom em Orlando no ano de 1975 foi a General Electric (GE).

YOSEMITE NATIONAL PARK

Antes de partir para a Flórida, quando a Universal ainda buscava opções para sua expansão, surgiu uma alternativa inusitada em 1973. O National Park Service (NPS), agência do governo responsável pelos parques nacionais, tinha aberto uma concessão para a administração do Yosemite National Park. Jay Stein participou da reunião em Washington, D.C. e, encantado com o potencial do negócio, não quis perder a oportunidade. Ele assumiu o compromisso na hora, prometendo um cheque para o final daquela semana. De volta a Hollywood, Jay contou para Lew Wasserman e Sid Sheinberg o que havia se passado, deixando este último totalmente surpreso, pois tinha assumido a presidência da MCA apenas alguns meses antes. Foi assim que Sheinberg fez sua primeira aquisição como comandante da empresa. Independentemente, foi um excelente investimento, já que o Yosemite se tornou a concessão mais rentável de todos os parques nacionais nos Estados Unidos.

REAPROVEITAMENTO

A Universal introduziu o primeiro programa de retorno de latas e garrafas durante sua concessão no Yosemite Park. Toda vez que alguém comprava uma bebida, tinha que pagar um adicional de cinco centavos, que seria reembolsado somente quando o recipiente fosse devolvido. Isso ajudou muito na manutenção e na limpeza do parque, incentivando os visitantes, muitos deles crianças, a recolherem as latas e garrafas que outros tinham deixado no chão em busca da recompensa. Foi uma iniciativa inovadora e muito benéfica para o sistema de parques como um todo, afinal, não demorou muito para que as outras concessões replicassem a ideia.

POR TRÁS DE UM GRANDE HOMEM...

No início da década de 1980, Jay Stein estava totalmente focado em encontrar um parceiro para o projeto na Flórida, mas as coisas em Hollywood continuavam aceleradas. O Studio Tour atraía cada vez mais visitantes e a Universal decidiu criar novas receitas, procurando patrocinadores para suas atrações. Quem ficou responsável por essa tarefa foi Susan Stein, esposa de Jay.

O INCRÍVEL HULK

A ligação da Universal com o badalado super-herói Hulk é bem anterior à famosa montanha-russa no parque Islands of Adventure em Orlando. Em 1977, Jay Stein foi atrás da Marvel para criar uma atração baseada no personagem que seria lançado, oferecendo mais uma novidade para os visitantes de Hollywood. Quando a série *O Incrível Hulk* estreou, o sucesso com o público foi imediato. Nos estúdios na Califórnia não foi diferente: aqueles que tinham a oportunidade de presenciar a performance da enorme e forte figura verde atravessando paredes ficavam invariavelmente encantados.

DANDO A VIDA (OU QUASE) PELO TRABALHO

Durante o desenvolvimento de Kongfrontation, uma queda abrupta precisava ser testada a fim de definir uma velocidade que causasse excitação e medo no público, mas que, obviamente, fosse segura. Peter Alexander, um dos responsáveis pela atração, se voluntariou para testar o efeito de queda livre visando o avanço do projeto. Após despencar com uma parada repentina bem próxima ao solo, a equipe entendeu que precisava fazer ajustes, pois Alexander foi obrigado a realizar uma dupla cirurgia de hérnias causadas pelo teste.

PAVIMENTANDO O CAMINHO PARA A CONCORRÊNCIA

A atração How to Make a Mega Movie Deal, inaugurada em 1991 na Flórida, foi patrocinada pela AT&T. Apesar de ter durado apenas dois anos, ela foi substituída por outra com maior participação da empresa, AT&T at the Movies, na qual os visitantes tinham a oportunidade de se aprofundar nas mais diversas tecnologias utilizadas nas produções. A maior concorrente da AT&T é a Comcast, que viria a se tornar proprietária da Universal em 2011, dez anos após a atração ter sido descontinuada.

JORNADAS LONGAS, TURBULENTAS E EXTRAORDINÁRIAS

Quando o jovem Tom Williams iniciou sua carreira em 1970, período em que a Universal ainda era parte da MCA, ele não podia imaginar o que o futuro reservava à companhia e muito menos seu papel nessa história. Sua primeira função foi no Yosemite National Park e, nessa época, Tom trabalhava com Jay Stein. Em 1987, ele recebeu uma ligação que mudaria sua vida. Do outro lado da linha estava Jay, pedindo que ele fosse para a Flórida. Até ali, as pessoas da Universal sabiam de um projeto para novos estúdios em Orlando, mas nada além disso. Sem perguntas ou questionamentos, Tom acreditou nas palavras de Jay, de que aquela seria a maior oportunidade de sua vida. Tom embarcou numa aventura sem volta e, no ano seguinte, já estava morando em Orlando, integrando a equipe que iniciaria a história da Universal Studios Florida.

Apesar de todas as trocas de comando, Tom Williams não sucumbiu. Pelo contrário, sua presença se fortaleceu mesmo com as diferentes empresas e culturas. No início da década de 1990, ele se tornou presidente da Universal Studios Florida, mas aquela escada ainda tinha degraus a serem subidos. Em 1999, Tom passou a CEO da Universal Parks & Resorts, cargo que ainda ocupa. Portanto, não foi surpresa quando Tom Williams, seguindo os passos de Jay Stein, também foi reconhecido pela indústria ao ingressar no seleto grupo do Hall of Fame da International Association of Amusement Parks and Attractions (IAAPA).

Mark Woodbury é outro executivo que passou por todas as companhias que comandaram a empresa desde a MCA. Com mais de trinta anos de casa, atua como presidente da Universal Creative desde 2006, passando a ocupar também, em 2017, a posição de vice-chairman da Universal Parks & Resorts.

OUTRO PESADELO NA BUSCA PELO SONHO

Em 1984, quando a Universal ainda buscava um parceiro para seu projeto em Orlando, Jay Stein se reuniu com Michael Milken, um dos pioneiros na transação de títulos de alto rendimento e que tinha estudado com Michael Ovitz na adolescência. Para desespero de Jay, Milken não investiu no parque e ainda se aproveitou da informação privilegiada para aconselhar Steve Wynn a comprar ações da MCA. Wynn é um dos maiores nomes na história de Las Vegas e se destacou no desenvolvimento de vários hotéis na cidade, até, finalmente, construir o seu próprio em 2005. Contudo, a vida daria uma daquelas voltas e, devido a diversas outras atividades suspeitas de Milken no mercado de capitais, em 1990 ele foi condenado a dez anos de prisão por fraude, entre outras acusações.

UNIVERSAL EM LAS VEGAS?

No ano em que a Universal abriu seus portões em Orlando (1990), surgiu uma oportunidade bastante improvável. O dono da MGM, Kirk Kerkorian, estava bastante descontente com o negócio feito com a Disney na Flórida e queria explorar sua propriedade em Las Vegas de uma maneira mais vantajosa. Por essa razão, procurou a MCA com a ideia de construir um parque temático ao lado de seu cassino localizado na Las Vegas Boulevard, mundialmente conhecida como Strip, o MGM Grand. Kerkorian queria aproveitar o momento e, além do parque em Orlando com a Disney, criar o MGM-Universal na outra costa dos Estados Unidos. Quando ouviu aqueles planos, Jay Stein ficou tentado, principalmente com a oportunidade de abalar a relação do seu futuro parceiro com a de seu concorrente na Flórida. De toda forma, as partes não chegaram a um acordo e Kerkorian abriu o MGM Grand Adventures Theme Park por conta própria em 1993. Infelizmente, o parque nunca decolou e foi permanentemente fechado no ano 2002.

PATROCINANDO O CONCORRENTE

O patrocinador de Jaws: The Ride era a Texaco, companhia do ramo petrolífero. Após a reforma para fazer a atração funcionar sem falhas, muitas mudanças foram necessárias e, por motivos regulatórios, uma delas foi que a água passou a ser testada por questões ambientais, exigindo, assim, um novo fluido hidráulico, não tóxico e biodegradável. A Texaco não dispunha desse produto, mas sua concorrente, a Mobil, sim.

UNIVERSAL E MICHAEL EISNER JUNTOS?

Em 2005, a Universal decidiu fazer uma nova versão do filme *O Monstro da Lagoa Negra*, de 1954, e convidou Breck Eisner para dirigir a produção. Seu nome completo era Michael Breckenridge Eisner, por isso ele preferiu adaptar e se diferenciar de seu pai, o ex-CEO da Disney. No final, o projeto foi adiado e não chegou a ser concluído.

UMA NOVA IDEIA VELHA

No início da década de 1990, Jay Stein viu seu sonho de construir o Cartoon World desmoronar, uma vez que a Universal não conseguiu obter os direitos dos personagens de animação da Warner Bros. nem os super-heróis da DC Comics. Cerca de 25 anos mais tarde, em 2018, os Emirados Árabes Unidos apresentaram uma novidade na indústria do entretenimento: um parque temático totalmente coberto devido ao calor extremo do país. Construído em Abu Dhabi, o Warner Bros. World tem os personagens Looney Tunes e conta também com outros que Jay havia considerado décadas antes, como Superman e Batman, da DC Comics, além da família Flintstones, de Hanna-Barbera. Talvez Jay Stein estivesse à frente seu tempo, assim como aconteceu com o próprio Walt Disney em diversas situações.

DISNEY NA UNIVERSAL

Em 1991, seria lançado o filme *Oscar: Minha Filha Quer Casar*, estrelado por Sylvester Stallone. A comédia sobre um gângster que tenta se endireitar tem como cenário a cidade de Chicago no ano de 1931. Apesar de ser uma produção da Touchstone Pictures, empresa do grupo Disney, a Universal acabou sendo utilizada como local das filmagens para retratar a época do enredo e dar mais veracidade à produção, já que a Disney-MGM Studios tinha fachadas que não pareciam reais.

UNIVERSAL COM PERSONAGENS DISNEY

Quando a Universal começou a pensar em seu segundo parque em 1994, ela sabia da necessidade de obter alguns direitos de determinados personagens para incrementar as atrações e despertar o interesse do público. A Marvel enfrentava algumas dificuldades financeiras, e o acordo entre as duas empresas acabou se dando sem maiores problemas, porém limitado à costa leste dos Estados Unidos, utilizando o rio Mississipi como marco de referência. Em 2009, a Disney adquiriu a Marvel e, desde então, a Universal tem atrações com super-heróis cujos direitos são de sua concorrente. Isso acontece porque o acordo foi realizado por período indeterminado.

Após a confirmação da aquisição da Fox em 2019, a Disney passou a deter os direitos da animação *Os Simpsons*, outra atração bem forte na cultura e nos parques da Universal. Diferentemente do acordo com a Marvel, nesse caso o contrato indica um prazo determinado para utilização dos direitos pela Universal, embora oficialmente desconhecido para o público. Estima-se que o período seja de vinte anos a contar da abertura da atração, ou seja, com validade até 2028. Até lá, não se espera nenhuma alteração nas condições vigentes.

SURPRESAS BOAS E RUINS

Quando o ambicioso Michael Ovitz fundou a Creative Artists Agency com Ron Meyer em 1975, ele não imaginou o que aconteceria vinte anos mais tarde. Após intermediar a aquisição da MCA pela Matsushita em 1991 e, quatro anos depois, com a Seagram, ele seria surpreendido com dois convites bastante curiosos e de lados opostos naquele mesmo ano de 1995.

O primeiro foi quando Ron Meyer foi convidado a assumir a presidência da Universal Studios. Ovitz pensava ser a pessoa mais indicada para a função, mas testemunhou seu ex-sócio aceitar o cargo, que ocuparia por dezoito anos. Meyer deixou a posição em 2013 para assumir como vice-chairman da empresa que controlava o grupo todo, a NBC Universal. Porém, sete anos mais tarde, ele se sentiria na obrigação de sair da companhia por supostas ameaças, após assumir um caso extraconjugal. Apesar de não ter aberto o nome da outra pessoa, logo se descobriu tratar-se de Charlotte Kirk. A atriz britânica também teve relações com Kevin Tsujihara que, acusado de oferecer papéis nas produções em troca de favores sexuais, acabou deixando os cargos de CEO e chairman da Warner Bros. um ano antes que Meyer, em 2019.

O segundo convite veio logo na sequência do primeiro, mas, dessa vez, para ele mesmo. Um ano após a morte de Frank Wells, Michael Eisner convidou Ovitz para assumir seu lugar como presidente da Disney. Apesar de ter feito um excelente acordo financeiro para deixar a Creative Artists Agency e fazer a transição para a Disney, sua carreira na empresa durou menos de um ano e meio, pois no início de 1997 ele foi demitido pelo próprio Eisner. Após o ocorrido, Ovitz chegou a dizer que essa foi uma das maiores traições que sofreu em sua carreira.

DO SONHO AO PESADELO

Garth Drabinsky, através de sua empresa Cineplex Odeon, se tornou o parceiro que Jay Stein tanto buscava, ajudando-o a pôr em prática o sonho do parque na Flórida. Entretanto, essa parceria acabou não durando muito tempo porque, entre outras coisas, a conduta de Drabinsky nunca foi das melhores. Talvez isso explique o fato de ele ter sido condenado em 2009 por fraude e falsificação.

Para piorar, Drabinsky acabou se endividando a ponto de, em 2015, tentar segurar a mansão onde morava em Toronto através de uma venda para sua esposa por somente 2 dólares. Para seu infortúnio, cinco anos mais tarde, ele teria a notícia de que o negócio seria desfeito por ordem do juiz da corte de Ontário, que entendeu ser uma tentativa de se esquivar dos credores, anulando a transação da propriedade estimada em mais de 2,6 milhões de dólares.

ANYTOWN, USA

Nos estúdios da Universal em Hollywood, há uma via chamada Colonial Street que, desde a década de 1940, é utilizada em produções de cinema e televisão. Projetada para simular qualquer cidade dos Estados Unidos, ela acabou apelidada de Anytown, USA. Na premiada série *Desperate Housewives*, que foi ao ar de 2004 a 2012, a Colonial Street se tornou Wisteria Lane, rua principal da produção distribuída pela ABC que, apesar de ser uma empresa do grupo Disney, utilizou os estúdios da Universal para realizar o projeto.

TAL PAI, TAL FILHO

Em 1966, Edgard Bronfman Sr., pai daquele que assumiria o comando da Universal em 1995 após uma negociação bastante criticada, também fez uma aquisição controversa ao comprar a MGM. Três anos depois, a empresa passaria às mãos do milionário Kirk Kerkorian, de família armênia, mas nascido em Fresno na Califórnia.

HOMENAGENS MISTURADAS

Logo que a Seagram assumiu a Universal, Edgar Bronfman Jr. decidiu fazer uma festa de aniversário para Lew Wasserman nos estúdios. Quando Bronfman pegou o microfone, ele fez as honras ao aniversariante e falou que a icônica torre negra onde ficavam os executivos da empresa na Universal City em Hollywood passaria a se chamar Lew Wasserman Building. Apesar da homenagem, o discurso de Bronfman gerou bastante controvérsia, pois ele foi breve ao falar de Wasserman e se estendeu por muito mais tempo falando sobre seu pai, agradecendo-lhe pela oportunidade de se tornar um grande nome na indústria do entretenimento.

COMPOSITOR NAS HORAS VAGAS

Através de pseudônimos, Edgar Bronfman Jr., o herdeiro da Seagram, trabalhou como compositor e foi autor de alguns sucessos, como *Whispers in the Dark*, na voz de Dionne Warwick, e *To Love You More*, interpretado pela canadense Celine Dion. Esta canção também ganhou uma versão em português com a dupla João Paulo & Daniel, *Te Amo Cada Vez Mais*, poucos meses antes do acidente de carro que tirou a vida de João Paulo.

A VALORIZAÇÃO DO INVESTIMENTO

Quando a Universal Studios Florida abriu em 1990, muitos desacreditavam que ela poderia concorrer com a Disney. Entretanto, o tempo mostrou que isso não somente era possível como também evidenciaria a força do empreendimento da Universal. O ingresso naquela época custava pouco mais de 30 dólares e o estacionamento, cerca de 3 dólares. Passadas mais de quatro décadas, o preço da entrada praticamente quadruplicou, enquanto que para estacionar seu veículo o visitante desembolsa aproximadamente dez vezes mais.

HOMENAGEM AO PAI DOS SUPER-HERÓIS

O escritor, editor e produtor Stan Lee ficou conhecido por transformar a Marvel numa grande empresa e, mais ainda, por participar da criação de super-heróis como Homem-Aranha, Homem de Ferro e Incrível Hulk, entre outros. Assim, Lee foi homenageado com seu nome numa placa de rua no Islands of Adventure e lá também aparece por quatro vezes na atração The Amazing Adventures of Spider-Man. Fique atento da próxima vez!

DEIXANDO SUA MARCA NA HISTÓRIA

Apesar de Bronfman ter acabado com a MCA aos poucos, a história jamais poderá ser apagada. Não é à toa que Lew Wasserrman recebeu uma estátua na Universal Studios Florida. O mais curioso, porém, é que o corpo utilizado como molde foi o do ex-presidente americano Abraham Lincoln. De qualquer maneira, a estátua tem detalhes particulares, como os óculos característicos de Wasserman, que estão em sua mão direita. Além disso, em 2005, três anos após sua morte, o premiado diretor e produtor canadense Barry Avrich lançou o documentário *The Last Mogul*, que explora a vida de Wasserman. O mais interessante talvez seja o fato de muitas pessoas de fora da indústria cinematográfica nunca terem ouvido sobre ele. Sempre muito discreto, Wasserman evitava os holofotes e entrevistas, mas entendia muito bem sobre o poder e sabia usá-lo como poucos. Foi assim que ele levou a MCA ao topo.

A CHEFE DO CHEFE

Depois de alguns anos no ápice, a MCA adquiriu um avião particular. O motivo? Lew Wasserman e sua esposa, Edith, estavam em um voo comercial regular e, após a viagem, ela comentou que seria sua última junto do marido a não ser que eles tivessem seu próprio avião. Pouco tempo depois, um jato passou a ser o mais novo ativo da companhia e o casal pôde continuar a viajar junto.

O BOLO DO CHEFE PARA O CHEFE

Quando Ralph Roberts, fundador da Comcast, completou 90 anos de idade em 2010, uma festa foi preparada em sua homenagem na cafeteria da empresa. Na hora dos parabéns, uma surpresa. Buddy Valastro apareceu com um de seus famosos bolos da série de televisão *Cake Boss*, retratando o Comcast Center, prédio dos escritórios da empresa com quase trezentos metros de altura. Além disso, Ralph era conhecido por estar sempre com uma gravata-borboleta, detalhe que também foi incluído na decoração do bolo juntamente a uma versão miniatura do aniversariante, que tinha quase o mesmo tamanho da gravata.

CONECTADO AO REINO ANIMAL

Décadas atrás, os bastidores da Universal Studios em Hollywood era um verdadeiro refúgio de animais selvagens. Cervos, coelhos, cobras e até raposas eram vistos com frequência. Num certo dia, Terry Winnick, ex-VP da Universal Studios Hollywood, estava dirigindo seu carro quando foi surpreendido por um cervo que pulou no meio da rua. A colisão foi inevitável, destruindo a frente do automóvel e deixando o animal ferido. Mais tarde, após deixar a Universal, Winnick se tornaria diretor de um dos maiores zoológicos do mundo, o San Diego Zoo.

UMA HOMENAGEM SOFISTICADA

Ao lado do prédio que retrata a Macy's na Universal Studios Florida, deveria estar a renomada joalheria Tiffany & Company, depois que a equipe criativa teve autorização para replicar a fachada da famosa loja na 5th Avenue em Nova York. Pouco antes de abrir o parque, porém, o acordo foi desfeito. Com a arquitetura pronta e sem muita alternativa, Jay Stein teve que escolher outro nome. Dessa forma, decidiu homenagear seu irmão Ira, que também comercializava joias, batizando o prédio de I.Stein & Co.

DE VOLTA PARA O PASSADO

O ator preferido para o papel principal do filme *De Volta para o Futuro* era, desde o início, Michael J. Fox. Entretanto, o convite feito por Steven Spielberg nunca chegou a ele. O cineasta havia entregado o roteiro nas mãos do produtor de *Caras e Caretas*, Gary Goldberg, pois Fox estrelava o seriado na época. Porém, com receio de que isso pudesse atrapalhar o andamento da série, Goldberg preferiu não falar com Fox. Sem retorno, Spielberg e Robert Zemeckis, diretor do filme, tiveram que buscar alternativas e optaram por Eric Stoltz. Apesar de terem feito diversas tomadas, durante várias semanas, a atuação de Stoltz não agradou. Assim, tentaram mais uma vez contato com Fox e, ao conseguirem acordo com o ator, tomaram a difícil decisão voltar ao passado e escalá-lo para a produção.

UM HOTEL PARA JOVENS SOLTEIRAS

O filme *Positivamente Millie* de 1967, estrelado por Julie Andrews três anos após sua atuação como Mary Poppins, narra a aventura de uma jovem que se muda para Nova York na expectativa de encontrar um marido rico. Ao chegar na cidade, ela se hospeda no Priscilla Hotel e uma homenagem ao local pode ser encontrada na Universal Studios Florida.

APOSTANDO CONTRA A BANCA

Em 1977, duas produções de ficção científica espaciais foram lançadas, *Contatos Imediatos do Terceiro Grau*, por Steven Spielberg, e *Star Wars*, por George Lucas. O filme de Spielberg fez um tremendo sucesso, mas nada comparado ao que se transformou a saga criada por Lucas. Porém, naquela época, ambos acreditavam que o projeto do outro teria mais repercussão e eles acordaram a troca de uma pequena participação nos lucros. Atualizando os valores, estima-se que Spielberg tenha levado cerca de 40 milhões de dólares por causa dessa aposta.

QUANDO HERÓIS E MONSTROS SE UNEM

Com os ataques terroristas em setembro de 2001, desencadeou-se uma preocupação generalizada nos locais de muita visitação, incluindo os parques temáticos que fecharam seus portões naquele dia trágico. Aos poucos, as atividades foram se normalizando, mas o senso de comoção se manteve. Assim, a Universal logo editou cenas de destruição em Nova York que apareciam na atração do Homem-Aranha e também alterou efeitos de sangue no Halloween Horror Nights por uma gosma verde, no intuito de evitar relações com a tragédia.

UM BRINDE ESPECIAL

Um dos grandes desafios para a Universal foi criar uma versão da bebida que os personagens das histórias de Harry Potter consumiam. A autora, J. K. Rowling, novamente teria a palavra final para decidir sobre a Butterbeer que seria oferecida no parque. Ela reforçou que o principal ingrediente tinha de ser açúcar e que não deveriam ser produzidas versões diet. Outra exigência foi que nenhum refrigerante fosse vendido na área, evitando elementos externos na experiência dos visitantes. O sucesso foi tão grande que novos postos de venda precisaram ser criados, trazendo lucros tão expressivos que realmente mereciam um brinde, mesmo com uma bebida sem álcool.

PREMIADOS E DELICIOSOS

A Universal também se destaca com iniciativas na área gastronômica, já que o restaurante The Three Broomsticks, que fica na no Islands of Adventure, foi o vencedor do prêmio da Theme Parks Insider em 2017 e 2018, na categoria de melhor restaurante em parques temáticos. Além disso, o Mythos, também no Islands of Adventure, voltou a ganhar a premiação nos últimos anos. Ele já tinha vencido antes, por seis anos consecutivos, de 2003 a 2008.

CAÇADORES E CRIADORES DE FANTASMAS

Quando Ghostbusters Spooktacular foi lançado, uma técnica chamada de Pepper's Ghost foi utilizada para criar fantasmas que parecessem reais. Os efeitos são criados a partir de reflexos de uma imagem fora da vista do público através de um painel de vidro. O efeito leva esse nome em homenagem a John Pepper, responsável por popularizá-lo no século XIX.

PRONTO PARA VIAJAR NO TEMPO?

Ao chegarem ao Islands of Adventure, os visitantes podem alugar carrinhos de bebês, cadeiras de rodas e veículos motorizados, além de outras opções bastante incomuns. Confira a placa de "Reliable Rentals" para conhecer todas as possibilidades e quais estão disponíveis, incluindo uma máquina do tempo.

BAFO DE MACACO

Quando Kongfrontation foi lançada na Universal Studios Florida, os criadores da atração decidiram aumentar a verossimilhança do personagem e elevar ainda mais a experiência do público quando este encontrasse o personagem gigante que, além de vários movimentos como piscar os olhos, também soltava uma baforada com odor de banana.

O TESOURO DO GORILA PERDIDO

Quando a Universal Studios Florida decidiu encerrar a atração Kongfrontation para dar lugar à montanha-russa Revenge of the Mummy, baseada no filme *A Múmia*, uma homenagem ao gorila gigante foi realizada de maneira sutil. Numa das primeiras salas da atração, existem vários tesouros reluzentes e, do lado esquerdo, é possível ver um pequeno macaco dourado em referência ao antigo tema do local.

A REGRA TAMBÉM VALE PARA O APRESENTADOR?

O programa *TransAmerica Ultra Quiz* da televisão japonesa é uma gincana de perguntas e respostas entre milhares de pessoas que avançam ou são eliminadas de uma competição. Normalmente, começa dentro de um estádio, e o prêmio não se trata de dinheiro, mas uma busca por aventura e fama. Contudo, os perdedores são obrigados a cumprir penalidades humilhantes, algumas até com certo risco. Em 1992, seis semifinalistas do programa viajaram para Orlando. Com os olhos vendados, os concorrentes do Japão foram escoltados até a Universal Studios Florida. Já com as câmeras ligadas, eles foram autorizados a retirar suas vendas. A surpresa foi enorme! O apresentador, Norio Fukutome, usando uma camiseta do Mickey Mouse, anunciou que eles estavam na Universal.

INGLATERRA, ESCÓCIA OU PORTUGAL?

Não é segredo para ninguém que a autora britânica e criadora de Harry Potter, J. K. Rowling, morou alguns anos em Portugal. Apesar da história do pequeno bruxo se passar entre Inglaterra e Escócia, poucos sabem que o tempo em que Rowling viveu na cidade do Porto serviu de inspiração para seus livros. A escritora já desmentiu que a Livraria Lello, na cidade do Porto, tenha sido uma delas e fez questão de reforçar que jamais entrou no local. De toda forma, o que não deixa muitas dúvidas é o que ela presenciou na Universidade de Coimbra, a mais antiga de Portugal. Lá, os alunos têm o hábito de andar com capas pretas até os dias de hoje. Além disso, a prestigiosa Biblioteca Joanina, cuja visitação só é permitida com horário marcado e obedecendo a uma série de restrições, tem algumas particularidades e uma exuberância ímpar. Todo de madeira e repleto de detalhes, inclusive em ouro, o local possui famílias de morcegos que servem como guardiões naturais dos livros, já que os mesmos se alimentam dos bichos e traças que possam danificar os papéis. A arte imita a vida.

LIGAÇÃO AO MINISTRO DA MAGIA

Em frente à entrada de Diagon Alley na Universal Studios Florida, existe uma cabine telefônica vermelha, réplica daquelas tradicionais encontradas na Inglaterra. Entre e ligue para o Ministry of Magic das histórias de Harry Potter, discando 62442.

QUE TAL SACAR DINHEIRO NO GRINGOTTS BANK?

Para aqueles que querem se aprofundar ainda mais no mundo de Harry Potter é possível trocar dólares por dinheiro bruxo. As cédulas adquiridas poderão ser utilizadas normalmente em vários estabelecimentos do parque e, ao final do dia, caso tenha sobrado algum valor, o visitante poderá trocar novamente por dólares.

SONS ESTRANHOS NO BANHEIRO EM HOGSMEADE

Murta é uma garota fantasma que assombra o banheiro feminino nas histórias de Harry Potter, local onde foi assassinada décadas antes. No parque é possível escutar os gemidos dela, mas para que ninguém deixasse de conferir o efeito, o mesmo também foi recriado no banheiro masculino.

MAGIA OU ILUSÃO DE ÓTICA?

Esta talvez seja a curiosidade mais difícil de conferir, mas, para os apaixonados pela trama de Harry Potter, é algo obrigatório. Na estação King Cross na Universal Studios Florida, será possível testemunhar os visitantes acessarem a Plataforma 9¾ como nos filmes, atravessando uma parede de tijolos para o embarque no trem. Deve-se prestar bastante atenção às pessoas que estão mais à frente na fila, pois o efeito só poderá ser percebido pelos outros que estão mais atrás, nunca por quem está passando ou já passou. Caso veja o trem e não tenha experimentado a sensação, retorne ou peça ajuda para um dos funcionários.

CONTATO À MODA ANTIGA

Outra maneira curiosa de entrar na história de Harry Potter é fazer uma parada no Owl Post, loja especializada em correspondências. Além de compras, quem quiser também poderá enviar uma carta para algum amigo ou familiar, que certamente será levada por uma das corujas.

O GIGANTE E AS ABELHAS

O gigante Hagrid, da história de Harry Potter, foi vítima de um ataque de abelhas no dia 2 de outubro de 2019. Enxames com centenas (possivelmente milhares) delas sobrevoaram as proximidades de Hagrid's Magical Creatures Motorbike Adventure, forçando o pessoal da Universal a interromper a atração para solucionar o problema, o que durou praticamente o dia inteiro.

O FAMOSO AUTOR DESCONHECIDO

Talvez o nome Michael Crichton não seja conhecido para o público, mas suas histórias certamente marcaram época e algumas fazem sucesso até hoje, muitos anos após sua morte, que ocorreu em 2008. Crichton é o autor dos livros que deram origem à série de filmes *Jurassic Park*, cujos direitos foram adquiridos pela Universal quando Steven Spielberg conversava com ele sobre um roteiro que retrataria o cotidiano nas salas de emergências, antes mesmo de o livro ser lançado. O roteiro com Spielberg não avançou, mas serviu de base para que Crichton criasse a série *Plantão Médico* (1994), trazendo à tona sua formação na Harvard Medical School, apesar de nunca ter exercido a medicina. Outros livros de sua autoria também viraram filmes, como *Sol Nascente*, com Sean Connery e Wesley Snipes, em 1993; o controverso *Assédio Sexual*, com Demi Moore e Michael Douglas, em 1994; e *Twister*, que escreveu em 1996 junto com sua esposa na época, a atriz Anne-Marie Martin.

HARRY POTTER E STEVEN SPIELBERG?

O diretor Steven Spielberg foi convidado para dirigir a série de filmes sobre Harry Potter, mas recusou, alegando que tornar uma produção lucrativa baseada no personagem de J. K. Rowling não traria nenhum desafio devido ao enorme sucesso dos livros pelo mundo inteiro. Não surpreende o fato de ele estar certo, afinal, apenas o primeiro filme, *Harry Potter e a Pedra Filosofal*, faturou quase 1 bilhão de dólares.

AS AVENTURAS DE JAMES CAMERON

Quando o diretor James Cameron soube da intenção da Universal em fazer uma atração sobre seu filme *O Exterminador do Futuro 2: O Julgamento Final*, ele ficou bastante incomodado e foi ao encontro dos responsáveis pronto para recusar qualquer proposta. Entretanto, Cameron acabou extremamente animado com o que ouviu, mas fez questão de comentar que poderia ajudar a melhorar o projeto ainda mais. Ele participou ativamente do desenvolvimento da atração, dirigiu as filmagens e também convenceu os atores Arnold Schwarzenegger, Eddie Furlong (John Connor) e Linda Hamilton (Sarah Connor) a participarem. O lançamento ocorreu em 1996 em Orlando, tendo versões em Hollywood e no Japão nos anos seguintes. Cameron reclamou várias vezes da dificuldade em concluir as filmagens em 3D, mas aquilo o ajudaria, sem que ele soubesse ainda, a produzir em 2009 o seu maior sucesso, *Avatar*. James Cameron e Linda Hamilton se casaram em 1997, mas o matrimônio durou apenas dois anos.

OS DETALHES FAZEM A DIFERENÇA

Sabemos que cada detalhe em um parque temático pode melhorar ou piorar a experiência dos visitantes, por isso muita atenção e cuidado são despendidos também em áreas de passagem, como as bananeiras em Orlando ao lado da atração dos Minions, já que banana é a fruta de que eles mais gostam.

PILARES DA INOVAÇÃO

Aprender o máximo e gastar o mínimo no menor tempo possível é o que forma a base para qualquer processo de inovação. Apesar de gastar muitos milhões para desenvolver novas atrações, a Universal entende a importância desses pilares e evita o desperdício de dinheiro. Um exemplo disso foi na atração Men in Black Alien Attack, quando construíram um carrinho de madeira, parafusaram cadeiras da IKEA e fixaram armas de brinquedo da Toys "R" Us em tubos de PVC para testar as dimensões e prevenir possíveis batidas entre os visitantes.

QUAL O TAMANHO DA SUA CURIOSIDADE?

Quando estiver na Universal Studios Florida e resolver se aventurar em Men in Black Alien Attack, logo no início da atração, ao passar pelo elevador, fique atento às portas dos laboratórios. Na primeira delas, está escrito "Oxygen Free Zone". Para descobrir o que há do outro lado, vire a maçaneta e tente abrir a porta, mas por sua conta e risco.

A HISTÓRIA DO HARD ROCK

Conhecida pelas inúmeras unidades espalhadas pelo mundo todo, a cadeia de restaurantes Hard Rock Cafe também está presente na Universal em Orlando, mais especificamente no CityWalk, entre as entradas do Islands of Adventure e da Universal Studios Florida (O cadillac rosa que gira acima do bar é parada obrigatória). Sua origem, porém, pode surpreender algumas pessoas: ela nasceu em Londres no ano de 1971. Isso mesmo, a famosa rede é inglesa. Além da comida tradicionalmente americana, inúmeros itens de artistas e bandas adornam os restaurantes da Hard Rock, que tem expandido sua atuação, ano após ano, com hotéis e cassinos, além de ter batizado o estádio de Miami que sediou o SuperBowl de 2020. A tribo dos índios seminoles da Flórida é a atual dona da marca, sendo que em Orlando fica a sede da corporação.

SANGUE MARROM?

Desde o início do Studio Tour, a Universal se propôs a abrir os bastidores dos estúdios e mostrar técnicas utilizadas em suas produções. Na atração Alfred Hitchcock: The Art of Making Movies, voluntários da plateia podiam participar de refilmagens de filmes consagrados, incluindo a cena do assassinato a facadas no chuveiro de *Psicose*. Muitas informações eram divididas com o público, entre elas o tempo de duração e o número de pessoas necessário para concluir a etapa em questão. A mais surpreendente talvez tenha sido a de que, para retratar o sangue da vítima, foi utilizada calda de chocolate com a finalidade de criar maior contraste e um melhor efeito no filme, ainda em preto branco.

ONDE ESTÁ DR. SEUSS?

Ao visitar a área de Dr. Seuss no Islands of Adventure, a maioria das pessoas curte as construções curvas e os detalhes que foram recriados a partir dos livros, tirando várias fotos para recordação. Entretanto, poucos retratam uma homenagem ao autor, que está logo atrás do policial em frente à Mulberry Street Store na área Seuss Landing. Theodor Geisel, o Dr. Seuss, aparece junto de outros dois homens em um palanque, mas é fácil reconhecê-lo por sua barba branca e seus óculos.

EXISTE PRAIA EM ORLANDO?

Se considerarmos uma praia em que não se pode passar o dia nem mergulhar, a não ser que você seja um dos personagens amarelos da história de Dr. Seuss, pode-se dizer que ela existe, sim, e está localizada no Universal Orlando Resort. A criação baseada nas páginas do livro *The Sneetches* está no Island of Adventure e é mais um dos detalhes criativos que, às vezes, passam despercebidos. Outra opção é a Waturi Beach, localizada no Volcano Bay, parque aquático da Universal. Nessa praia com ondas magníficas e água climatizada, os visitantes podem nadar e se divertir a valer.

DE DIRETOR A SÓCIO

Quando Alfred Hitchcock lançou o filme *Psicose* em 1960, vários aspectos da produção revolucionaram a indústria trazendo um enorme sucesso, incluindo a cena do chuveiro que se eternizou, principalmente, pelos sons sombrios. Os resultados financeiros foram astronômicos e Hitchcock recebeu alguns milhões de dólares. O horror psicológico ficou somente na tela, já que, com a maior parte do lucro obtido, o diretor comprou ações da Universal, tornando-se um dos maiores acionistas da empresa na época.

FILME BOM, DIRETOR BOM; FILME RUIM, ALAN SMITHEE

Muitas vezes, surgem desentendimentos, trocas de diretores ou mesmo obrigações indesejadas durante uma produção. No intuito de evitarem uma associação, rejeitarem um projeto ou simplesmente excluírem seus nomes dos créditos de um filme que não tenha atingido o resultado esperado, os diretores passaram a utilizar um pseudônimo: Alan Smithee. Dezenas de filmes foram creditados dessa forma, além de inúmeros episódios de programas de televisão. O filme *Os Pássaros*, que Alfred Hitchcock lançou em 1963, fez bastante sucesso e virou um clássico. Assim, inspirou uma continuação em 1994, *Os Pássaros 2: O Ataque Final*. A sequência tenta se apropriar do filme original, mas o que vemos é uma produção de baixa qualidade, tendo sido alvo de críticas fortes e bastante negativas. Por isso, não é de se espantar que o diretor Rick Rosenthal tenha preferido utilizar o pseudônimo Alan Smithee.

JANELAS DO METROPOLIS TRIBUNE

Muitas pessoas sabem que as janelas da Main Street, USA no Magic Kingdom servem para homenagear pessoas que foram importantes na história da Disney. Nas vidraças do Metropolis Tribune, localizado na Universal Studios Florida, existe um tributo similar, incluindo uma menção a Mark Woodbury.

A LENDA POR TRÁS DO VOLCANO BAY

O paraíso tropical onde se encontra o Volcano Bay é o lar dos Waturi, povo que aproveita a vida em sua plenitude e cria suas histórias por meio de aventuras. Eles fizeram uma longa viagem até chegar a esse local perfeito, tendo antes que encontrar um peixe que os guiou até lá, chamado Kunuku. O vulcão é o elo entre terra, céu e mar. Krakatau, o deus do fogo, tentou evitar que sua filha Tai Nui vivesse um romance com Kala, um jovem nativo. Sendo assim, Krakatau isolou Tai Nui no céu e, diz a lenda, suas lágrimas formaram o mar. Com a tristeza da filha, ele resolveu corrigir seu erro e, puxando a terra em direção ao céu, criou a peça central do Volcano Bay, o vulcão que leva seu nome, Krakatau. Quando se aventurar pelo parque, tenha atenção, pois ele aprisionou os restos de sua raiva e de seu ciúme nas profundezas do vulcão, dando origem a Vol, o espírito do fogo.

UM TREMOR DE PERDER A CABEÇA

Durante o terremoto de 1906 na cidade de San Francisco, a estátua do biologista e geologista suíço Louis Agassiz caiu do alto do prédio de zoologia da Stanford University, na Califórnia, ficando invertida e com a cabeça enfiada no chão. Na Universal Studios Florida, mais exatamente na área que retrata San Francisco, está o Richter's Burger em homenagem a Charles F. Richter, criador da escala de medição de força para terremotos quase trinta anos após este evento. Dentro desse restaurante, existe uma réplica da estátua de Agassiz.

STREAMING

Nas últimas décadas, o serviço de conteúdo online cresceu absurdamente e os gigantes do entretenimento não ficaram para trás. Em novembro de 2019, foi lançado nos Estados Unidos o Disney+, que chegou ao Brasil um ano depois. Em julho de 2020, foi a vez de a Universal lançar o Peacock, que tem uma particularidade: é o único serviço de streaming com opção de plano gratuito.

UMA SÉRIE ORIGINAL PRODUZIDA NA FLÓRIDA

A série *The Right Stuff* foi distribuída em 2020 pela National Geographic para ser mais um dos conteúdos do Disney+. Baseada no livro de Tom Wolfe, seu enredo explora os primeiros anos do programa espacial americano e a disputa com a União Soviética. As gravações foram concluídas em diferentes localidades, todas na Flórida, como Cocoa Beach, Winter Garden, Sanford, Tampa e, obviamente, o Kennedy Space Center. Além disso, várias outras tomadas foram realizadas em estúdios, ou melhor, na Universal Studios, pois a Disney não seguiu com a proposta inicial, espelhada no projeto da concorrente, de manter locais para os mais diversos tipos de produção.

HOMENAGEM AO CEO DA DISNEY

Após o sucesso de *A Lista de Schindler*, Steven Spielberg fundou o USC (University of Southern California) Shoah Foundation – The Institute for Visual History and Education, uma organização sem fins lucrativos para criação de conteúdos a partir de entrevistas e depoimentos de sobreviventes e testemunhas do Holocausto. No dia 6 de junho de 2012, Bob Iger, CEO da Disney na época, foi presenteado durante um evento de gala com a maior honra do instituto, recebendo o prêmio de Embaixador da Humanidade, das mãos do próprio Spielberg.

O TUBARÃO PROBLEMÁTICO

A atração baseada em *Tubarão*, primeiro grande sucesso de Steven Spielberg, acabou trazendo inúmeros problemas ao pessoal da Universal. Dizem que o próprio diretor ficou preso no barquinho devido a falhas operacionais. Não bastasse, o final original baseado no primeiro filme da série, com a explosão do feroz animal, acabou sendo alterado para o fechamento da segunda produção, com o grande tubarão branco morrendo eletrocutado.

RELEMBRANDO UM MOMENTO HISTÓRICO

No complexo da Universal em Orlando, por mais improvável que possa parecer, existe uma parte do Muro de Berlim, derrubado em 1989 com a unificação da Alemanha. Quem tiver curiosidade de ver ou quiser tirar uma foto não precisa nem mesmo de ingresso, pois o objeto está localizado na parte externa do Hard Rock Cafe no CityWalk.

MAIS UM SUSTO COM TEMPERATURA ALTA

Exatamente 13 anos após o incêndio que destruiu boa parte dos estúdios na Califórnia, incluindo a atração do King Kong, a Universal Studios Hollywood sofreu um tremendo susto na madrugada de 1º de junho de 2021 quando labaredas começaram perto da atração dos Minions. Felizmente, o fogo foi controlado rapidamente sem que houvesse maiores problemas e, apesar do incidente, o parque abriu normalmente quando o dia amanheceu.

NO RITMO DE JIMMY BUFFET

Com um estilo descontraído e inspirado em ilhas tropicais, o músico, ator e empresário Jimmy Buffey criou uma rede de restaurantes baseada em sua canção *Margaritaville* (1977), e possui uma unidade no CityWalk da Universal em Orlando. Além disso, Buffet também gravou o videoclipe da canção *Fruitcakes* (1994) utilizando apenas a Universal Studios Florida como cenário, fato que reforça a concepção do parque, desde o início pensada para receber produções desse tipo.

Para complementar, Jimmy Buffet já fez diversas aparições em filmes e programas de televisão, mas sua participação em *Jurassic World: O Mundo dos Dinossauros* foi extremamente comentada, apesar de durar cerca de cinco segundos. Isso ocorreu porque em meio a um ataque de pterodáctilos, Buffet tenta proteger duas taças de margaritas enquanto o público corre desesperadamente em busca de sobrevivência.

TRILHA SONORA EXCLUSIVA E ESCONDIDA

A montanha-russa Hollywood Rip Ride Rockit tem um segredo que poucos sabem. Além das trinta músicas divididas em cinco gêneros musicais disponíveis para que os visitantes escolham logo no início para ouvir durante a atração, existe também um meio de acessar canções escondidas no sistema. Para isso, é preciso pressionar o logotipo da Rockit que aparece na tela por cerca de dez segundos, após fechar a proteção de segurança. Em seguida, a lista de músicas será alterada para um teclado numérico, em que será possível digitar um código de três dígitos para obter uma dessas músicas exclusivas. A lista não chega a 999 opções, portanto, caso um número não existente seja digitado, o visitante escutará *Busy Child*, do The Crystal Method. Seja rápido porque o tempo é curto. Por fim, saiba que, ao fazer isso, o sistema não gravará seu vídeo como de costume e, ao sair da atração, você não poderá conferir suas caras tal como aqueles que escolheram uma das músicas regulares.

EPÍLOGO

A história da Universal é uma verdadeira aventura, com surpresas, trocas de comando, reviravoltas e diversos outros elementos que servem comumente como roteiros nas produções de Hollywood e que continuam atemporais, entretendo e inspirando dezenas de gerações. Porém, vale destacar uma informação de extrema relevância nessa trajetória turbulenta, repleta de altos e baixos:; o fato de que nada disso é ficção como em muitos dos filmes campeões de bilheteria.

O surgimento da empresa liderada por Carl Laemmle demonstra uma atitude bastante louvável em busca de liberdade numa indústria que começava a engatinhar. A coragem daqueles homens foi imprescindível para que o cinema ganhasse força para crescer e se tornar um dos maiores mercados de todo o mundo. Com o tempo, cifras cada vez mais altas, glamour e holofotes – que nunca seduziram Lew Wasserman – essa indústria foi despertando o interesse de uma infinidade de pessoas de todas as idades.

A Universal demonstrou sua capacidade de inovação em diversas oportunidades, mas também sofreu muito pela falta de ousadia em alguns momentos. Os maiores problemas que a empresa enfrentou talvez tenham sido benéficos para sua continuidade, mesmo que muitos deles pudessem ter sido evitados. Apesar de as crises de identidade quase terem levado a companhia a um final trágico, os executivos da MCA nos anos 1960 e os da Comcast desde a década passada conseguiram recuperar a direção, em ambos os casos, com uma cultura empresarial bem definida e aproveitando muitos dos aprendizados anteriores. Se por vários anos a Universal não se encontrou, ficando à mercê de suas reações a fatores externos, sob a liderança dessas empresas ela passou a se posicionar de forma clara, crescendo suas redes de negócios e conquistando lucros bastante interessantes. O mais importante, porém, foi que através de seus posicionamentos, tanto as decisões da MCA quanto as da Comcast se baseavam no DNA da empresa, evitando enganos desnecessários.

Provavelmente um caminho menos sinuoso não teria feito com que a Universal se destacasse tanto na indústria de parques temáticos, algo que decerto abriu diversas frentes para outras áreas em que a companhia atua. Muitos se referem à empresa como se ela se limitasse a competir com a Disney, quando, na verdade, esse enfrentamento só se dá em uma vertente, uma vez que a Universal tem dezenas de outras concorrências, especialmente se olharmos para o topo da pirâmide, onde está a Comcast.

Os caminhos percorridos pela Universal e pela Disney sempre se cruzaram, mas a competição entre as companhias se acirrou bastante na década de 1980, com os projetos no estado da Flórida. Se a Universal não tinha a intenção de enfrentar o líder absoluto do mercado de parques temáticos, ela acabou sendo envolvida numa disputa sem volta. Se outrora a Universal levava a pior, há quem diga que, atualmente, o incômodo maior é da Disney. De qualquer maneira, o lado positivo desse embate supera qualquer ponto negativo, já que Orlando se tornou a cidade mais visitada do planeta em decorrência do desenvolvimento contínuo dos complexos de ambas as partes, que também estimulam outras empresas do mercado e, com certa frequência, novos entrantes.

A Universal não teve uma história contínua e seus grandes heróis acabaram escondidos entre tantas mudanças de comando. Por essa razão, a empresa nunca foi muito nostálgica. Enquanto algumas atrações da Disney viraram filmes, na Universal acontecia o oposto. Suas produções cinematográficas sempre foram a mola propulsora em seus parques. Aliás, a Universal Studios Florida foi construída para realmente ser utilizada em filmagens seguindo o padrão do que acontecia em Hollywood havia várias décadas. Os estúdios nunca se limitaram aos prédios fechados, e toda e qualquer área do complexo pode servir para uma produção, inclusive o CityWalk e os hotéis.

Além de Lew Wasserman, Sid Sheinberg e Jay Stein na época da MCA e Steve Burke após a chegada da Comcast, várias pessoas contribuíram para que a Universal se tornasse o gigante que é hoje. Duas delas merecem um destaque especial: Tom Williams , chairman e CEO da Universal Parks & Resorts, e Mark Woodbury, presidente da Universal Creative. Atualmente, ambos comandam, respectivamente, a divisão de parques e de criação de novas atrações, mas o que mais impressiona é a trajetória de décadas que trilharam na empresa, presenciando cada uma das trocas de comando e mantendo-se em suas missões, apesar de todas as dificuldades e diferenças culturais, desde a MCA até a Comcast.

Com relação aos parques, toda vez que um tema já não demonstra tanta relevância, a Universal avança para o próximo sem grandes hesitações, diferentemente da Disney, onde o público se identifica com as atrações que existem desde o início, desejando que continuem para sempre. Afinal, os avôs curtem a possibilidade de voltarem, agora na companhia dos netos, aos locais que frequentaram na infância. Jaws e Back to the Future até deixaram nostálgico o público da Universal, mas as novidades seguintes foram rapidamente assimiladas, encantando os visitantes e dando continuidade à história.

Quando se trata de tomar decisões, não importa o tamanho de uma empresa nem mesmo há quanto tempo ela existe. As dificuldades serão sempre particulares, e nenhuma fórmula mágica ainda foi criada nesse sentido. Mas o que isso quer dizer? Na verdade, a resposta é muito simples. Ter valores definidos e agir de acordo com eles fará uma empresa formar sua identidade e, assim, avançar com muito mais consistência e sucesso do que tentar copiar exatamente aquilo que os concorrentes fazem.

Algumas literaturas retratam a corrida pela abertura dos parques em Orlando como uma verdadeira batalha entre Universal e Disney, cujo vencedor teria sido a primeira. Vale ressaltar que essa vitória estaria baseada na comparação entre a Disney-MGM Studios (atualmente Disney Hollywood Studios) e a Universal Studios Florida. Apesar de ter largado atrás e sido obrigada a fazer inúmeras alterações em seu projeto inicial, a Universal alcançou seu objetivo e se tornou um grande destino em Orlando, algo idealizado por Jay Stein e apoiado por Sid Sheinberg e Lew Wasserman. Se eles não tiveram escolha quanto a refazerem os planos originais, a opção de seguir com foco naquilo em que acreditavam construiu uma base sólida que foi capaz de sobreviver a tantas trocas de comando e de cultura. Felizmente, a Comcast entrou em cena para reforçar as premissas de aventura e elevar a experiência dos visitantes para patamares que ainda não tinham sido atingidos.

Depois de mais de três décadas de seu primeiro parque na Flórida, a Universal se tornou um verdadeiro resort em Orlando, onde já dispõe de dois parques temáticos, um parque aquático e um centro de entretenimento, além de milhares de quartos de hotéis, salas de convenções, etc. Em breve, outro novo parque temático será inaugurado e certamente mais novidades virão. Ademais, todo o complexo em Hollywood e os parques espalhados pelo mundo apenas corroboram a admiração do público mundial por essa marca caracterizada, em meio a tantas outras virtudes, pela resiliência. A história construída pela Universal nesses mais de cem anos de vida deixa uma expectativa em aberto. O que mais poderá surgir e em qual indústria? Afinal, as oportunidades aumentam cada vez mais.

Para aqueles que, como eu, adoram aventuras, fica a certeza de que estaremos sempre repletos de opções para explorar, nos divertir e aprender nesse imenso universo de possibilidades!

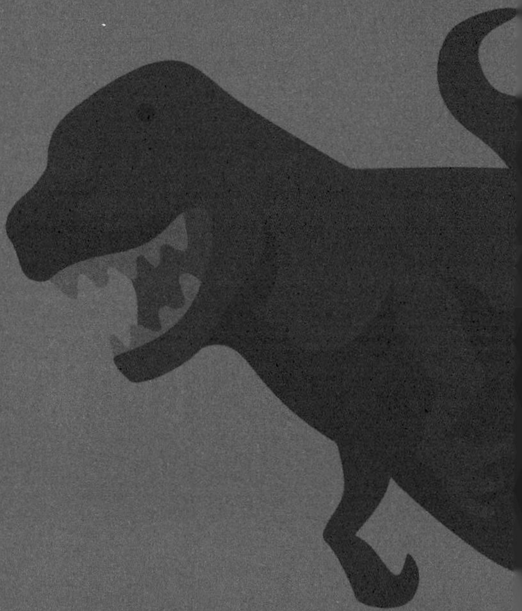

CRONOLOGIA

30 de abril de 1912
Fundação da Universal Film Manufacturing Company.

15 de março de 1915
Inauguração da Universal Studios City.

1924
Fundação da Music Corporation of America (MCA).

15 de novembro de 1926
Fundação da National Broadcasting Company (NBC).

1962
A MCA assume o controle da Universal.

28 de junho de 1963
Fundação da Comcast (American Cable Systems).

15 de julho de 1964
Início do Studio Tour em Hollywood.

7 de junho de 1990
Inauguração da Universal Studios Florida em Orlando.

9 de dezembro de 1996
Alteração do nome da empresa de MCA para Universal Studios.

28 de maio de 1999
Inauguração do Islands of Adventure em Orlando.

31 de março de 2001
Inauguração da Universal Studios Japan.

28 de maio de 2011
Inauguração da Universal Studios Singapore.

25 de maio de 2017
Inauguração do Universal's Volcano Bay.

2021
Inauguração do Universal Beijing Resort.

SOBRE O AUTOR

Formado em Engenharia de Produção com pós-graduação em *Competitividade e Inovação* pela **University of Miami** e em *Projetos de Inovação Tecnológica* pela Universidade de São Paulo **(USP)**. Também possui especialização em *Empreendedorismo* pela **University of Maryland** e em *Compliance* pela **Universidade de Coimbra**, além de certificação em *Design Thinking* pela **Stanford University**, em *Solução Criativa de Problemas* pela **University of Minnesota** e em *Criatividade e Inovação* pelo **Disney Institute**.

Representou companhias americanas no Brasil por mais de dez anos antes de fundar a **Life at Campus** em Miami, companhia que lidera e através da qual leciona Empreendedorismo, Inovação e Diferenciação em quatro universidades nos Estados Unidos: Barry e FIU, em Miami; UCF, em Orlando; e UNLV, em Las Vegas.

Fabio Trabulsi Ashcar também é autor do livro **Aprendendo a Lição** (2007), que narra a história de seis animais que se encontram numa ilha por acidente e que deu origem à série de animação *A Ilha é o Bicho!* (2020); além de **Las Vegas – Guia Prático de Viagem** (com duas edições, 2010 e 2015), a primeira publicação em português lançada no Brasil sobre a história da cidade, com dicas, informações e curiosidades sobre a capital mundial do entretenimento.

Perfil: www.lifeatcampus.com/idealizador

LinkedIn: www.linkedin.com/in/fabio-trabulsi-ashcar-2353a720

BIBLIOGRAFIA

DICK, Bernard F. *City of Dreams: The Making and Remaking of Universal Pictures.* Lexington: The University Press of Kentucky, 1997.

DISNEY INSTITUTE. *Be Our Guest: Perfecting the Art of Customer Service.* Nova York: Disney Editions, 2001.

GENNAWEY, Sam. *Universal vs. Disney: The Unofficial Guide to American Theme Parks' Greatest Rivalry.* Keen Communications, 2015.

GENNAWEY, Sam. *JayBangs: How Jay Stein, MCA, & Universal Invented the Modern Theme Park and Beat Disney at Its Own Game.* Theme Park Press, 2016.

GITLIN, Martin. *Walt Disney: Entertainment Visionary.* Edina: ABDO Publishing Company, 2010.

GREEN, Amy Boothe; GREEN Howard E. *Remembering Walt: Favorite Memories of Walt Disney.* Nova York: Disney Editions, 1999.

GREEN, Jerry. *25 Years Inside Universal Studios: From Tour Guide to Entertainment Director.* Theme Park Press, 2017.

ISBOUTS, Jean-Pierre. *Discovering Walt: The Magical Life of Walt Disney.* Nova York: Disney Editions, 2001.

NADER, Ginha. *A Magia do Império Disney.* São Paulo: Senac, 2007.

NADER, Ginha. *Walt Disney: Um Século de Sonho.* 2ª edição, Volumes I e II. São Paulo: Senac, 2003.

NARDO, Don. *Walt Disney.* Farmington Hills: KidHaven Press, 2003.

NOVAK, William. *An Incredible Dream: Ralph Roberts and the Story of Comcast.* Filadélfia: Comcast Corporation, 2012.

SIM, Nick. *Universal Orlando: The Unofficial Story.* Ipswich: Theme Park Tourist, 2013/2014.

THOMAS, Bob. *Building a Company: Roy O. Disney and the Creation of an Entertainment Empire.* Nova York: Hyperion, 1998.

THOMAS, Bob. *Walt Disney: An American Original.* Nova York: Disney Editions, 1994.

THOMAS, Tony. *The Best of Universal.* MCA Publishing Rights, 1990.

> "FIQUE FORA DOS HOLOFOTES.
> SEU TERNO DESBOTA."
> LEW WASSERMAN

www.dvseditora.com.br

Impressão e Acabamento | Gráfica Viena
www.graficaviena.com.br
Santa Cruz do Rio Pardo - SP, ano 2021